DE

L'IMAGINATION

DE

L'IMAGINATION

ÉTUDE PSYCHOLOGIQUE

PAR

N. MICHAUT

Docteur ès lettres, licencié en droit

PARIS

BERGER-LEVRAULT & Cie	GERMER BAILLIÈRE & Cie
ÉDITEURS	ÉDITEURS
5, rue des Beaux-Arts	17, rue de l'École-de-Médecine

1876

INTRODUCTION

I.

L'étude particulière de l'imagination me semble une des plus difficiles que puisse entreprendre un psychologue. Comment en effet assigner à l'imagination, parmi les autres puissances de l'âme, un lieu distinct et un rôle qui lui soit propre? La place qu'on lui ménage est toujours trop petite, et le rôle qu'on lui attribue ne la contente jamais. Sa libre nature semble fuir toute contrainte, et se dérober même à un regard trop curieux. Ondoyante et diverse, elle revêt toutes les formes; toujours présente quoique non toujours aperçue, et jamais plus forte que lorsqu'elle se dissimule. Tour à tour faible ou puissante, elle effleure à peine la conscience, et le moment d'après, l'envahit tout entière. Bien plus, elle s'est réservé la moitié de la vie pour y régner à peu près sans partage, faisant l'interrègne de la raison et de la réflexion; je veux parler du sommeil. Elle se rit de nos efforts pour la saisir, et c'est elle pourtant qui, en ce moment même, me suggère les images imparfaites par lesquelles je cherche à la peindre. Enfin elle est étroitement unie au corps, cet étrange esclave que l'âme traîne après soi, en grand danger de le voir, d'un moment à l'autre, se révolter et l'asservir à son tour. Cette union est si intime que beaucoup de philosophes ont jugé l'imagination indigne d'appartenir à une âme spirituelle et libre, et ont proposé d'en laisser l'étude aux seuls physiologistes; pareils à un roi qui, désespérant de gouverner une des provinces de son empire, en ferait abandon à un voisin assez fort ou assez téméraire pour se charger d'un si lourd fardeau. Dépit bien naturel! Lorsque, après de longs et pénibles efforts, un philosophe est enfin parvenu à ranger dans un bel ordre les faits de l'âme humaine, n'est-il pas vraiment fâcheux pour lui de rencontrer un rebelle, qui non-seulement refuse de demeurer en place, mais encore qui compromet par ses capricieuses démarches la solidité de tout l'édifice? Comment serait-il assez maître de soi pour ne pas lui adresser de dures paroles? Croit-on que les astronomes de l'école de Ptolémée aient vu d'un œil tranquille les comètes vagabondes errer à travers le premier et le second cristallin?

II...

Celui qui entreprend l'étude de faits si multiples, et en apparence si capricieux, doit chercher sa route entre deux écueils qui ne laissent entre eux qu'un étroit passage. Ou bien il suivra l'imagination dans ses manifestations les plus diverses ; il tâchera d'en reproduire l'infinie variété par les nuances changeantes de son style ; l'heureuse hardiesse des figures suppléera à l'insuffisance du commun langage, et ce qui est très-fin, il le rendra visible à force de le faire briller ; mais son œuvre sera d'un poëte plus que d'un philosophe. La science ne saura où se prendre parmi tous ces contours fuyants. La prose même se refusera à de tels caprices ; et il y aura des choses qu'on ne pourra pas dire, et qu'il faudra chanter. Delille l'a essayé avec toutes les ressources de son talent curieux et inventif; et son livre, qu'on ne lit guère, doit décourager d'une pareille entreprise ceux qui n'ont ni sa science ni son esprit.

Que si le philosophe se décide à traiter son sujet avec cette rigueur et cette austérité qui conviennent à la science, le péril n'est pas moindre. Ce langage sévère, ces formules précises, ces classifications inflexibles, ne sont-ce pas de bien grossiers instruments pour une étude si délicate? Comment imposer des lois à la fantaisie, dont l'essence même semble être de n'en point avoir, et qui est pareille à ces composés trop subtils que l'on voit fuir et s'évaporer tout entiers dès qu'on veut les analyser.

C'est donc un dessein chimérique que de chercher à faire de l'imagination l'objet d'une science complète et précise. Est-ce à dire que toute science en soit à jamais impossible, et qu'il n'y ait rien à faire qu'à enregistrer des faits divers ? Nullement ; partout où l'on peut trouver quelque chose de général, il y a place pour la science. Or, en faisant aussi grande que l'on voudra la part du caprice, il reste vrai qu'il y a dans les faits d'imagination quelque chose de constant et de réglé, des lois, en un mot, qu'il vaut la peine de dégager des phénomènes et de rassembler, sans prétendre à une rigueur que le sujet ne comporte guère. C'est là, si je ne me trompe, l'étroit passage signalé plus haut et dans lequel je vais maintenant m'engager.

III.

Je n'ai pas hésité à faire mon profit des découvertes de la physiologie, toutes les fois que cela m'a semblé utile. Dans un livre traitant des choses de l'âme, il sera donc assez souvent question de nerfs, d'hémisphères cérébraux, de tubercules, etc. La chose aujourd'hui ne surprendra personne; tout le monde, il y a cinquante ans, l'eût trouvée étrange; ce qui montre combien, durant ces derniers temps, les relations des psychologues avec les physiologistes se sont améliorées.

Certes, il ne viendrait aujourd'hui à l'esprit d'aucun physiologiste de déplorer l'intolérance et la tyrannie des philosophes; tout au plus gémissent-ils de leur aveuglement et de leurs préjugés. Mais il n'en était pas ainsi vers 1830, et pour s'en convaincre il suffit de relire Broussais. Une colère mal contenue contre les psychologues éclate à chaque page, puis disparaît pour faire place à la résignation et à l'enthousiasme d'un martyr. A défaut d'autres documents, les historiens des âges futurs ne manqueront pas de conter que les physiologistes ont eu à traverser des temps bien difficiles. Il s'en trouvera pour supposer que le trône de France était occupé au XIXe siècle par un psychologue fort méchant, menaçant les physiologistes de la prison ou de l'échafaud, et les contraignant de chercher l'ombre des catacombes, lorsqu'ils voulaient disséquer le plus petit cerveau. Dieu soit loué! si la physiologie a eu de mauvais jours, ils sont passés, et depuis longtemps le triomphe l'a récompensée de la persécution; même on a pu craindre un moment de voir les rôles intervertis, et une intolérance réelle succéder à une intolérance imaginaire. Les prétentions exagérées des physiologistes, ne tendant à rien moins qu'à s'attribuer la science de l'âme tout entière, ont effrayé les psychologues, qui se sont tenus à l'écart, gémissant un peu, et ne voulant à aucun prix d'un associé qui se faisait à ce point la part du lion. Mais c'était là une ambition bien pardonnable à une jeune science qui essaye ses forces et se berce volontiers de longs espoirs; maintenant que la physiologie, arrivée à l'âge viril, est devenue moins intolérante en devenant moins hardie, rien n'empêche son ancienne rivale de lui tendre la main. Nulle vérité n'en saurait contredire une autre, et, si les savants se querellent souvent, les sciences sont toujours d'accord. Personne ne doit donc avoir peur des vérités dont une science voisine peut s'enrichir; les erreurs seules ont raison de craindre la lumière, qui les fait mourir. Si nul spiritualiste ne sent ses convictions ébranlées par ce fait incontestable que les sensations ont leurs organes dans le corps, d'où vient que l'on éprouverait quelque répugnance à admettre qu'il en est de même pour les autres faits psychologiques? Les beaux travaux des Flourens, des Magendie, des Müller, des Leuret, des Gratiolet, des Claude Bernard, des Vulpian, des Luys, n'ont rien qui puisse effrayer les philosophes. Bien plus, ceux-ci doivent y applaudir, et la meilleure manière d'y applaudir c'est d'en profiter. Descartes, Malebranche, Bossuet en ont usé ainsi avec les physiologistes du XVIIe siècle; leur exemple est encore bon à suivre. Par cela seul en effet que la psychologie et la physiologie ont un objet commun, l'homme, elles ont beau le regarder par des côtés différents, elles ne sauraient demeurer complétement étrangères l'une à l'autre; leurs limites ne sont pas si bien tracées qu'il ne soit quelquefois difficile de les reconnaître et souvent utile de les franchir. Il faut bien accorder que l'âme ne réside pas dans le corps comme un pilote dans un navire, mais qu'elle forme avec le corps un tout naturel dont toutes les parties ont entre elles, comme dit Bossuet, une parfaite et nécessaire communication (1). Comment dès lors ne pas faire des vœux pour que la science du corps et celle de l'âme lient entre elles des relations de bon voisinage, unissent leurs efforts pour des recherches communes, et marchent ensemble à la conquête de vérités qui les intéressent toutes deux; seulement, pour que cette union soit durable et féconde, il ne faut point qu'elle cache une arrière-pensée d'envahissement et de conquête. Les deux alliés doivent demeurer bien persuadés qu'une annexion n'est pas une alliance. Les phénomènes qu'ils étudient sont d'ordre différent, bien que ces phénomènes puissent être les antécédents les uns des autres. Les deux sciences qui s'occupent d'objets si divers ne font donc point double emploi, quoiqu'il

---

(1) « Je suis conjoint à mon corps très-étroitement, disait aussi Descartes, et tellement confondu et mêlé que je compose comme un seul tout avec lui. »

soit peut-être vrai de dire qu'elles ne peuvent guère être bien comprises l'une sans l'autre. On a remarqué mille fois qu'en supposant même démontré que chaque état de conscience est toujours précédé ou accompagné ou suivi d'une modification déterminée dans l'état du système nerveux, le fait de conscience n'en serait pas moins irréductible au phénomène physiologique correspondant. Celui-ci, les yeux aidés de bons instruments peuvent le surprendre ; celui-là, la loupe et le scalpel n'y peuvent rien ; il y faut la conscience.

L'admiration, je le veux, résulte d'un mouvement vibratoire dans un des lobes du cerveau, l'admiration n'en conserve pas moins sa nature propre, et il n'est perfectionnement du microscope qui puisse faire qu'un sentiment et un mouvement soient la même chose ; cela est aussitôt prouvé que dit. J'ajoute que, dans l'œuvre commune, la part des psycho-

logues restera toujours la plus grande. Car
enfin la science de la pensée a son prix alors
même qu'on la sépare de la science de ses
conditions organiques ; cette dernière étude,
au contraire, n'a d'intérêt qu'autant qu'elle
contribue à l'étude de la pensée. Mais les
philosophes seraient bien vains s'ils en conce-
vaient de l'orgueil, ou les physiologistes du
dépit.

DE L'IMAGINATION

CHAPITRE PREMIER.

I. Les modifications de l'univers sont en général indépendantes de celles de l'âme. — II. Au contraire, les modifications de l'âme dépendent souvent de celles de l'univers. — Définition de la perception. — III. La perception n'est pas une ressemblance de l'état mental et du phénomène extérieur. — IV. Rôle du corps dans la perception.

I.

Posons d'abord le redoutable problème qui, de tout temps, a paru au sens commun indigne d'occuper même les loisirs d'un homme sérieux, et qui, de tout temps aussi, a fait pâlir les philosophes et pencher le front des sages.

Que le lecteur s'arrête un instant à considérer, abstraction faite de l'homme, ce vaste ensemble de forces
entrelacées qu'on appelle le monde. Chacune obéit à
sa loi, et toutes concourent à l'harmonie commune.
Nul hasard ne déconcerte ce prodigieux accord, dont
les dissonances mêmes sont réglées. Les astres par-
courent leurs orbites, les saisons se succèdent, l'Océan
se soulève et retombe, les fleuves coulent suivant
leur pente, les plantes et les animaux naissent, vivent
et meurent, sans que rien vienne déranger « ce train
toujours égal dont marche l'univers ». Dans quelques rencontres seulement, celui qui a ordonné ce
bel ensemble y porte un instant la main, comme pour
marquer qu'il est resté en dehors et au-dessus de son
ouvrage.

Voici maintenant l'homme égaré, pour parler
comme Pascal, dans ce canton détourné de la nature.
Il n'a pas besoin, pour connaitre sa faiblesse, d'enfler
ses conceptions jusqu'à ces mondes que son regard
n'atteint pas ; il est inutile même qu'il considère les
astres plus voisins, qui pourtant échappent si bien à
ses prises, qu'il ne saurait hâter ou ralentir leur course,
ne fût-ce que d'un instant ; il n'a qu'à regarder au-

tour de lui cette terre qui est son domaine. C'est à peine si, depuis tant de siècles, sa surface a gardé quelque empreinte du séjour de l'homme; un peu plus tôt, un peu plus tard, les monuments qu'il élève pour laisser au moins une trace de son passage s'effacent et tombent en poussière, et c'est un des arguments que les moralistes de tous les temps se sont plu à développer pour rabaisser notre orgueil. Ainsi l'univers est dans une indépendance à peu près complète à l'égard de l'homme; et celui-ci pourrait disparaître, sans que le cours des choses en fût sensiblement altéré.

II.

Cette indépendance est-elle réciproque? et l'homme renferme-t-il en lui-même, comme le monde, la formule de son développement? Est-il un tout en face d'un autre tout; ou bien n'est-il qu'une partie? La réponse n'est pas douteuse. Sans doute, l'âme a, comme toute chose, sa nature et ses lois; l'on ne saurait la concevoir comme une substance absolument dépouillée d'attributs, sans forme, sans qualité, sans détermination, une pure puissance de réfléchir le monde; sans doute, parmi les phénomènes qui s'y succèdent, il en est qu'il faut attribuer en grande partie à la vertu qui est en elle, et qui se développe suivant les lois de son être; mais il est certain aussi que presque tous sont déterminés par des causes étrangères, et qu'ainsi les lois de leur succession doivent être cherchées au dehors. La nature entière agit sur elle et l'entraîne dans sa marche. Qu'on se représente l'univers sans l'homme (je parle de l'univers physique), c'est à peine si l'on y découvre une lacune. Qu'on se figure l'âme de l'homme sans l'univers, on s'arrête effrayé devant un vide immense et obscur.

Si la privation d'un seul sens, tel que la vue ou l'ouïe, est déjà un si grand empêchement pour l'esprit, tâchons d'imaginer l'état d'une âme semblable à la nôtre, absolument isolée du monde, tout entière close en elle-même, et vivant de son propre fonds, si toutefois c'est là vivre. Faisons une expérience, fort grossière à la vérité, mais qui ne laisse pas de donner à réfléchir. Ouvrons un livre, et biffons d'un trait sur une ou deux pages tous les mots qui expriment des idées venues directement ou indirectement de la vue, faisons-en autant pour l'ouïe et pour les autres sens ; après cela, voyons ce qui reste. Nous aurons ainsi une nouvelle preuve, s'il en est besoin, que la plupart des modifications de l'âme sont la suite de phénomènes extérieurs. Que l'âme les produise par sa propre force, l'univers ne faisant que lui donner le branle, ou bien qu'elle les subisse passivement, peu importe : dans un cas comme dans l'autre, l'influence d'une force étrangère est hors de doute. Les modifications qui surviennent dans l'âme à la suite d'une telle influence s'appellent perceptions.

III.

Je prends pour accordé le fait même de l'existence du monde extérieur et de l'action qu'il exerce sur nous. Il ne s'agit point ici d'établir la valeur des raisons sur lesquelles se fonde l'invincible croyance du genre humain ; non qu'une telle entreprise soit impossible, mais elle m'entraînerait trop loin ; et sur une question d'une si grande importance, il vaut mieux se taire que de dire peu de chose.

Supposant donc l'existence de l'objet de la perception, je vais rechercher rapidement quelle peut être la nature de la perception elle-même; et que Reid me pardonne une curiosité, qu'il jugerait pour sa part indiscrète!

L'idée qui se présente tout d'abord, c'est la ressemblance du phénomène intérieur et du phénomène extérieur. Le nom même d'image marque bien que telle a été la conception primitive; et il n'est pas probable que cette conception perde jamais son crédit chez la plupart des hommes. Ajoutons que cela n'est pas à souhaiter. Cette idée que la perception est une copie des choses est si naturelle, que ceux-là même qui sont convaincus de sa fausseté, s'en servent tous les jours comme d'une métaphore commode, et qui ne présente aucun danger scientifique.

Pour les philosophes (s'il s'en trouve) qui regardent la pensée comme un état du cerveau, cette proposition : que les idées ressemblent à leurs objets, ne renferme rien de formellement absurde qui doive la faire rejeter avant tout examen. Ils peuvent la combattre par les faits, mais non lui refuser leur attention. Pourquoi en effet n'y aurait-il pas dans le cerveau des mouvements et des figures semblables aux mouvements et aux figures des choses extérieures? Beaucoup de philosophes ont donné et donnent encore de la mémoire cette naïve explication. Pauvres gens! je l'avoue; ignorants! j'en conviens; pourvu que l'on accorde que leur théorie n'a en soi rien d'expressément contradictoire.

Pour les philosophes, au contraire, qui maintiennent la distinction de l'esprit et de la matière, la question peut être résolue *à priori*. Comment en effet concevoir une ressemblance quelconque entre l'état d'un corps et l'état d'un esprit? Que l'on parcoure la liste des propriétés des corps en se demandant sur laquelle portera la ressemblance. Ce ne sera certainement pas sur la matière. Sera-ce donc sur l'étendue? Mais est-il besoin de remarquer que ce mot ne s'applique à l'esprit que par métaphore. Sur la forme? Mais il ne saurait en être question là où il n'y a pas d'étendue. L'idée d'un objet pesant, élastique, poreux, sera-t-elle pesante, élastique, poreuse?

On ne peut davantage attribuer aux choses des qualités semblables aux modifications qu'elles excitent en nous. Leur accorderons-nous la couleur? Mais cette sensation ne ressemble certainement pas à l'état d'une surface propre à réfléchir tels ou tels rayons lumineux. La chaleur? Mais autant vaudrait, comme dit la *Logique de Port-Royal*, y mettre la brûlure; et l'on en peut dire autant de toutes les sensations, et, à plus forte raison, des émotions qui les accompagnent.

Mais, peut-être cette ressemblance qui n'est pas entre les idées et les choses se rencontre-t-elle entre leurs ordres de succession, de telle sorte que la suite de nos perceptions représente la suite des phénomènes extérieurs. C'est là encore une illusion. Les phénomènes extérieurs ne s'enchainent pas en une série unique et continue; ils se produisent dans l'espace, et en nombre presque infini dans le même instant. Tous sont dans une dépendance mutuelle; tous s'entremêlent et se pénètrent; si quelques-uns semblent former une suite régulière et indépendante, cela tient au pouvoir d'abstraire, grâce auquel nous pouvons nous attacher seulement aux conditions immédiates des phénomènes qu'il nous importe en effet le plus de connaitre, puisque toute notre puissance sur la nature dépend de cette connaissance.

Les perceptions au contraire forment dans le temps une série unique, unilinéaire. Quelque nombreuses que l'on suppose les conditions qui les amènent, en elles-mêmes elles sont simples et dès lors incapables de représenter des suites complexes. Supposons des instants successifs $t\ t'\ t''\ t'''$, supposons qu'à chacun de ces instants se produisent simultanément un certain nombre de phénomènes $a\ b\ c$, etc.; plaçons en regard des instants $t\ t'\ t''\ t'''$ les phénomènes qui s'y passent, nous formerons le tableau suivant :

$$t\ \ldots\ldots\ldots\ldots\ a\ b\ c\ d$$
$$t'\ \ldots\ldots\ldots\ldots\ e\ f\ g\ h$$
$$t''\ \ldots\ldots\ldots\ i\ k\ l\ m$$
$$t'''\ \ldots\ldots\ldots\ n\ o\ p\ q$$

Admettons que les séries verticales $a\ e\ i\ n$, $b\ f\ k\ o$, $c\ g\ l\ p$, $d\ h\ m\ q$, représentent des suites naturelles de phénomènes, c'est-à-dire, par exemple, que a soit l'antécédent naturel de e, e de i, i de n. Concevons maintenant que tous ces phénomènes puissent provoquer des perceptions $a'\ b'\ c'\ d'\ e'\ldots\ldots$, lesquelles forment une suite unique.

Ceci posé, c'est d'abord une chose très-évidente que cette suite, quelle qu'elle soit, n'en pourra représenter à la fois plusieurs différentes et simultanées. Voyons donc si elle peut du moins en représenter une seule. La perception présente à l'instant t sera l'effet de l'un des phénomènes $a\,b\,c\,d$; de même à l'instant t', elle sera l'effet de $e\,f\,g$ ou h, et ainsi aux autres instants. Pour que la suite des perceptions représente une suite quelconque de phénomènes, il faut donc et il suffit que les perceptions correspondent à des phénomènes désignés par des lettres appartenant à la même colonne verticale, par exemple $a'\,e'\,i'\,n'$. Si elles se présentent dans tout autre ordre, tel que $b'\,g'\,i'\,p'$, il est certain qu'elles ne peuvent correspondre à aucune suite.

Or, le nombre des phénomènes simultanés étant extrêmement grand, il est bien peu probable que la série des perceptions représente une série naturelle quelconque.

Cela même n'arrivera jamais. Il n'y a pas en effet dans la nature de séries complétement indépendantes les unes des autres, comme nous l'avions supposé plus haut. Tout phénomène a des antécédents multiples, tout effet est au confluent de plusieurs causes. Dès lors, il est absolument impossible qu'un enchainement quelconque de perceptions représente un enchainement quelconque de phénomènes, tout comme il est impossible qu'une ligne représente jamais une figure à deux ou à trois dimensions.

Assurément, en usant des divers procédés d'induction, nous pouvons retrouver en partie l'ordre de la nature et rattacher chaque phénomène à ses antécédents les plus proches; nous arrivons ainsi à concevoir une suite naturelle de phénomènes, mais non à la percevoir, et si, cette suite une fois conçue, nous nous figurons la percevoir réellement, c'est qu'au milieu des perceptions qui se présentent confusément à chaque instant, nous faisons plus ou moins abstraction de toutes celles qui ne lui appartiennent pas.

IV.

Ces conclusions conduisent-elles à douter de la réalité de la perception? Nullement, à moins que l'impossibilité d'expliquer un fait ne soit la même chose que la négation de ce fait. De telles spécula tions, quel qu'en puisse être le résultat, ne sauraient donc présenter de bien sérieux dangers. Le scepticisme idéaliste sera toujours une gageure audacieuse de quelques esprits subtils et distingués, contre le sens commun, ne disons pas le bon sens, incapable non-seulement de résoudre de tels problèmes, mais encore de les poser. Peut-être même n'est-il pas inutile qu'il y ait de semblables esprits, ne fût-ce que pour secouer la torpeur de ces philosophes qui savent concilier un doute dédaigneux pour les choses de l'âme, les seules pourtant qui tombent directement sous nos prises, avec une confiance naïve en la valeur des preuves plus difficiles et compliquées de ce monde des corps qu'ils jugent si solide. Il serait puéril de craindre qu'une erreur si peu contagieuse pût jamais toucher le commun des hommes. Si haut que parlent les philosophes, ils n'étoufferont jamais la voix plus puissante dont l'univers plaide sa cause et s'impose sans cesse à notre foi. Ne laissons pas cependant de rechercher s'il est quelque moyen de faire disparaitre les contradictions signalées plus haut, ou s'il ne reste qu'à confesser notre ignorance et à nous incliner devant un mystère impénétrable.

Nous avons jusqu'à présent considéré la perception comme l'effet d'une action directe de l'univers sur l'âme, et, raisonnant dans cette hypothèse, il nous a été impossible de rendre compte du phénomène; mais cette hypothèse ne serait-elle point fausse?

Elle l'est indubitablement. Il est faux que tous les corps soient capables d'exciter dans l'âme une perception. Un seul a ce privilége, celui que nous appelons le nôtre. Les phénomènes extérieurs sont pour l'âme comme s'ils n'étaient pas, tant qu'ils ne sont pas suivis d'un contre-coup dans le corps auquel elle est jointe. Et, à vrai dire, la définition donnée précédemment de la perception doit être modifiée comme il suit : La perception est une réaction déterminée de l'âme à la suite d'une modification également déterminée du corps.

Considérons d'abord les relations de ce corps avec ceux qui l'entourent. Il est clair que les difficultés proposées, lorsqu'il s'agissait d'expliquer la correspondance entre les états de l'âme et les modifications des corps, disparaissent dès qu'il est question des relations des corps entre eux. Bien plus, autant il est

malaisé de concevoir la dépendance de l'âme par rapport aux choses extérieures, autant il serait difficile
de s'expliquer l'indépendance du corps. L'univers en
effet pèse tout entier sur chacune de ses parties; il est,
comme dit Leibnitz, tout d'une pièce. Telle est la
connexion des phénomènes simultanés, que chacun
peut être considéré comme une condition de tous les
autres. Ceux-là même qui s'accomplissent le plus loin
de nous ne laissent pas d'avoir quelque action; que
l'on songe, si l'on veut, à l'influence que les mouvements des astres exercent continuellement sur nous.
De plus, comme le présent dépend tout entier du passé,
on peut dire qu'en représentant l'état actuel des choses,
le corps en exprime par cela même tous les états passés, qui sont en quelque sorte résumés, condensés
dans le présent. En effet, pour reprendre l'exemple
précédent, l'obliquité de l'équateur sur l'écliptique,
qui produit les saisons, est due à des causes qui agis-
saient il y a bien des siècles.

Remarquons maintenant que toutes les actions des
forces extérieures sur le corps, si nombreuses qu'on
les suppose, se composent à chaque instant en une
résultante unique, qui est, comme on sait, un certain

état du système nerveux. Toutes ces résultantes forment donc réellement une série unique, unilinéaire, semblable en cela à la série des perceptions, et il n'y a point de difficulté à concevoir une relation entre les deux. Le corps forme donc le trait d'union entre l'âme et les choses du dehors. Son rôle essentiel dans la perception semble être de traduire les phénomènes simultanés en une série unique de résultantes successives, d'opérer à chaque instant la synthèse du monde. « En sorte que du corps où elle est renfermée, l'âme tient à tout, et voit tout l'univers se venir, pour ainsi dire, marquer sur ce corps, comme le cours du soleil se marque sur un cadran(1).»

Ces remarques dissipent-elles complétement les ténèbres qui couvrent le phénomène de la perception? Non, mais si elles les rendent un peu moins épaisses, elles ne sont peut-être pas tout à fait inutiles.

---

(1) Bossuet, *Connaissance de Dieu et de soi-même,* ch. III, § 8.

CHAPITRE II

I. Distinction de la perception et de la sensation. — II. Définition de l'idée. — III. Définition de l'image. — IV. Différences de l'image et de la perception.

I.

Jusqu'à présent j'ai considéré la perception dans son ensemble, sans m'enquérir d'autre chose que du rapport qu'elle soutient avec son objet; il n'y avait donc nul inconvénient à en parler comme d'un fait simple et irréductible. Il est temps de l'étudier en elle-même; et parce que sa simplicité n'est qu'apparente, il faut démêler les diverses parties dont elle se compose.

Si l'on analyse la première perception venue, on y reconnaîtra tout de suite deux éléments, dont l'un représente plus particulièrement la part d'une force étrangère, l'autre le résultat de l'activité propre de l'esprit.

De ces deux éléments, le premier s'appelle sensation. Bossuet la définit avec justesse : « La première chose qui s'élève en l'âme et qu'on y ressente à la présence des objets. » Il prend soin ensuite de la distinguer nettement des autres éléments qui l'accompagnent dans la perception. « La première chose que je sens en montrant ma main au feu et en maniant de la glace, c'est que j'ai chaud, ou que j'ai froid ; et ainsi du reste.

« Je puis bien ensuite avoir diverses pensées sur la lumière, en rechercher la nature, en remarquer les réflexions et les réfractions, observer même que les couleurs qui disparaissent aussitôt que la lumière se retire, semblent n'être autre chose, dans les corps où je les aperçois, que des différentes modifications de la lumière elle-même, c'est-à-dire diverses réflexions ou réfractions des rayons du soleil et des autres corps lumineux. Mais toutes ces pensées ne me viennent qu'après cette perception sensible de la lumière que j'ai appelée sensation, et c'est la première qui s'est faite en moi aussitôt que j'ai eu ouvert les yeux.

« De même, après avoir senti que j'ai chaud ou que j'ai froid, je puis observer que les corps d'où me viennent ces sentiments causeraient diverses altérations à ma main, si je ne m'en retirais : que le chaud la brûlerait et la consumerait, que le froid l'engourdirait et la mortifierait ; et ainsi du reste. Mais ce n'est pas là ce que j'aperçois d'abord en m'approchant du feu et de la glace. A ce premier abord, il s'est fait en moi une certaine perception qui m'a fait dire : J'ai chaud, ou j'ai froid ; et c'est ce qu'on appelle sensation (1). »

Ainsi, dans cet ensemble de faits dont se compose une perception, la sensation est toujours (sauf une exception qui sera signalée plus loin) le fait qui vient le premier ; ou du moins c'est le premier qui se manifeste, car peut-être d'autres le précèdent-ils qui échappent à la conscience ; question difficile, et qu'il serait hors de propos d'agiter en cet endroit.

La sensation est donc une partie de la perception sans être la perception tout entière ; elle n'en est que le point de départ ; elle peut subsister sans qu'aucune

---

(1) Bossuet : *Connaissance de Dieu et de soi-même*, ch. I, § I.

perception l'accompagne. C'est ce que l'on observe, par exemple, chez les animaux auxquels on a laissé les organes des sens et la partie des centres nerveux affectée aux sensations, en retranchant tout le reste. Ces animaux ont des sensations de lumière mais ne voient rien, des sensations de bruit mais n'entendent rien. La sensation, avant de devenir perception, doit donc subir une élaboration plus ou moins longue, plus ou moins complète, à tout le moins être reconnue, c'est-à-dire classée à côté des sensations passées qui lui ressemblent, et rapportée à une cause extérieure ; ce qui implique, comme on voit, l'intervention de la mémoire et d'un raisonnement quelconque, si rapide et rudimentaire qu'on veuille le supposer. La perception peut donc être regardée comme un ensemble d'idées groupées autour d'une sensation qui en est le centre mais non la partie principale. L'âme, en effet, durant la perception est bien plus active que passive ; elle donne plus qu'elle ne reçoit. Je lève les yeux et j'avise un oiseau de proie planant à une certaine hauteur. Pour quelle part les sens entrent-ils dans cette perception ? Une tache noire sur un fond bleu, voilà tout ce qu'ils fournissent, le reste est la part de l'intelligence. La sensa-

tion est donc l'occasion plus que la cause de la perception, et cela est si vrai qu'elle peut changer sans
que la perception en soit sensiblement altérée. Que
je voie un homme des pieds jusqu'à la tête, ou seulement à mi-corps, que j'aperçoive seulement une pièce
de son vêtement, son chapeau si l'on veut, il n'importe : dans tous les cas je vois un homme. Bien plus,
des sensations de nature tout à fait différente, une
odeur, une couleur, une saveur, peuvent provoquer la
même perception, par exemple celle d'une orange,
pourvu que les idées qui se joignent à ces sensations
diverses soient les mêmes dans tous les cas.

II.

Je viens d'employer plusieurs fois le mot *idée*, et
comme il n'en est guère qui ait reçu plus d'acceptions
diverses, il faut dire le sens que j'entends ici lui donner. Je désigne par ce mot, dont j'étends le sens
au delà de sa signification ordinaire, tout élément
primitif autre qu'une sensation que l'analyse peut discerner dans un phénomène intellectuel quelconque.

Les idées, entendues de cette façon, jouent donc en psychologie le même rôle à peu près que les corps simples en chimie. Ajoutons que la simplicité des unes comme des autres n'est que relative et provisoire, puisque l'analyse, longtemps impuissante, peut à la fin trouver son jour. Lorsque Davy décomposa la potasse, la soude, la baryte, etc., il les dégrada de la qualité de corps simples longtemps usurpée. Avec le même bonheur, un psychologue entreprenant et curieux peut résoudre en ses éléments un état d'esprit qui jusqu'alors avait paru primitif et irréductible.

Je rappelle pour mémoire qu'il y a deux sortes d'idées, les unes que l'âme trouve ou du moins semble trouver en elle-même (j'ajoute cette restriction pour ne contrarier personne et ne point soulever de question inopportune), les autres qui, à première vue, paraissent la reproduction plus ou moins affaiblie de sensations antérieures. Comme une tige élastique écartée de sa position d'équilibre n'y revient qu'après de nombreuses oscillations, l'âme une fois ébranlée par la sensation, garde longtemps le mouvement reçu et spontanément le renouvelle ; de là ces phénomènes qu'on appelle idées de couleurs, de sons, de saveurs, etc., et qui se distinguent ordinairement des sensations correspondantes en ce qu'ils sont moins vifs et plus durables.

On se tromperait si, exagérant l'analogie indiquée plus haut, on allait se figurer les idées subsistant à part ainsi que les corps simples. L'abstraction peut bien les démêler parmi les états complexes de l'esprit, mais non leur donner une existence distincte. On chercherait en vain à penser la couleur ou la saveur sans quelque autre qualité des objets sapides ou colorés ; à plus forte raison, les idées rationnelles ne sauraient-elles jamais se séparer de la conception des phéno-mènes à propos desquels elles apparaissent, l'idée d'espace, par exemple, de l'idée d'une certaine couleur, d'une certaine figure, etc. Les idées ne se présentent donc qu'en groupes plus ou moins complexes, et c'est un groupe de cette sorte qui forme le second élément de la perception, le plus considérable comme on vient de le voir.

III.

Ce second élément, qui se joint à la sensation et la complète, y adhère-t-il si fortement qu'il soit impossible de l'en détacher ? Nullement : une fois formé, un groupe d'idées peut subsister longtemps encore après que la sensation a cessé. Il peut même se renouveler spontanément, alors qu'il a disparu pendant un temps plus ou moins long. C'est une combinaison qui survit à la cause qui l'a produite. Ces groupes d'idées devenus indépendants des sensations auxquelles ils étaient d'abord unis, s'appellent des images, et l'âme considérée dans le pouvoir qu'elle a de les conserver, de les reproduire, de les combiner, prend le nom d'imagination.

Les perceptions et les images se mêlent continuellement, de telle sorte que ni les unes ni les autres ne parviennent jamais à se rendre absolument maîtresses de l'âme. Alors même que les perceptions sont le plus vives, elles n'excluent pas tout à fait les idées appartenant à d'autres groupes ; et, tout de même, la plus profonde rêverie est sans cesse troublée par quelque perception. Les sensations en effet nous assaillent par trop d'endroits pour pouvoir jamais être complétement repoussées. Les perceptions et les images agissent donc continuellement les unes sur les autres, mais non avec la même puissance. En général, les

images n'ont qu'une médiocre influence sur les perceptions qui surgissent dans le même temps qu'elles ;
les perceptions, au contraire, modifient presque toujours les images avec lesquelles elles sont en concours.

IV.

Malgré la présence simultanée des images et des
perceptions et l'action continuelle que celles-ci exercent sur celles-là, on n'a point de peine à les distinguer ;
c'est-à-dire que, parmi les idées qui occupent à chaque
instant l'esprit, on fait très-aisément la part de celles
qui sont l'effet de la sensation présente et de celles qui
en sont indépendantes. L'objet de l'image a beau être le
même que l'objet de la perception, celle-ci a beau être
très-faible et celle-là très-forte, tout cela ne saurait
me tromper. Voici une maison que j'entrevois à
peine parmi les arbres qui lui font un couvert ; il ne
me semble pourtant pas l'imaginer. Au contraire,
j'en imagine très-clairement une autre, je m'en représente le toit, les cheminées, les fenêtres ; je serais capable d'en dessiner un croquis fort exact : tout cela ne

fait pas que je pense la voir réellement. A la vérité, la distinction n'est pas toujours aussi prompte et aussi facile, puisqu'il y a des fous et des hallucinés ; dans une demi-obscurité, les gens sensés eux-mêmes ont peine à démêler ce qu'ils voient de ce qu'ils pensent.

« Aut videt, aut vidisse putat per nubila lunam. »

Il est plus difficile encore de décider d'un son très-faible si on l'entend ou si on l'imagine seulement, et le plus sage peut être un instant la dupe d'une conception très-vive ; mais ce sont là des surprises qui ne durent guère et dont la raison prend d'abord sa revanche. Rien n'est plus fréquent au théâtre et dans les romans que ces expressions : « Suis-je bien éveillé ? est-ce un rêve ? n'est-ce point un vain transport qui m'agite ? » Rien n'est plus rare dans la vie que les sentiments qu'expriment ces métaphores. Ce sont façons de parler en usage chez les poëtes, lorsqu'ils veulent marquer qu'ils sont fort surpris. Au reste, personne ne s'y trompe ; et en somme, la plupart des gens, dans la plupart des cas, distinguent fort bien ce qu'ils imaginent de ce qu'ils perçoivent.

A quels signes? car toute distinction suppose un criterium.

Sans doute, les perceptions contiennent un élément qui manque aux images, la sensation; mais, comme on n'est jamais sans quelque sensation, il faut savoir pourquoi, dans certains cas, on regarde cette sensation comme la cause des idées qui lui sont simultanées, et pourquoi, en d'autres rencontres, on juge qu'elle leur est étrangère.

Les raisons de ces jugements divers sont fort nombreuses. Je ne prétends point en dresser une liste complète, encore moins rappeler celles qui sont purement accidentelles, ou que tout le monde connaît. C'est, par exemple, chose évidente que les images sont d'ordinaire beaucoup moins vives et distinctes que les perceptions (1). Chaque perception forme en quelque sorte un tout bien défini, et presque toujours on sait avec exactitude quand elle commence et quand elle finit. Au contraire, les images ont des contours vagues et fuyants, commencent insensiblement et

_____

(1) Cependant le contraire arrive quelquefois, sans que pour cela nous prenions l'image pour une perception. Ce criterium est donc insuffisant.

finissent de même ; ce sont bien moins des états de conscience séparés que des divisions à peu près arbitraires dans une chaîne dont chaque anneau tient fortement à l'anneau qui précède et à l'anneau qui suit.

J'insiste davantage sur les différences suivantes qui tiennent de plus près à la nature des images, si bien qu'on pourrait presque les déduire *à priori* de la définition même.

1° Rappelons-nous que l'image est ce qui reste de la perception après que la sensation en a été retranchée. C'est un agrégat d'idées dans un état particulier de combinaison, agrégat qui survit à la sensation qui l'a formé, mais qui ne se fût jamais formé sans cette sensation. Toute image a donc été précédée d'une perception. Avant de concevoir les images de certains lieux, de certaines personnes, de certains événements, nous avons perçu ces lieux, ces personnes ou ces événements. A la vérité, il arrive quelquefois qu'une image est suivie d'une perception qui semble en être la copie, par exemple lorsque l'événement justifie une prévision, ou qu'un peintre, contemplant son tableau, reconnaît l'image précédemment conçue. Mais si ces images, prises dans leur ensemble, peuvent précéder les perceptions correspondantes, il est aisé de reconnaître, en les décomposant en leurs éléments primitifs, que chacun de ces éléments reproduit une perception antérieure. De plus, entre une perception et l'image qui lui succède, on n'aperçoit pas d'intermédiaire; celle-ci semble suivre celle-là spontanément; au contraire, lorsque la perception vient après l'image, elle n'en paraît pas la conséquence naturelle. Le peintre ne juge pas que la vue de son tableau soit l'effet immédiat de sa conception; il sait à quel travail préliminaire il lui a fallu s'appliquer, quelle série compliquée d'actes il a dû exécuter pour produire la perception; et de même, quand un événement prévu s'accomplit, on n'estime pas que la prévision en soit la cause.

2º Puisque les perceptions sont des idées groupées autour d'une sensation, puisque, de leur côté, les sensations dépendent d'une cause extérieure, c'est donc aussi, en dernière analyse, cette cause qui provoque les perceptions; la loi suivant laquelle elles se succèdent doit donc être cherchée dans les choses, non dans l'âme. Leurs antécédents nous sont inconnus; ou, si nous les connaissons, c'est seulement à la suite d'une inférence ultérieure. Rien dans l'âme n'avertit de la perception qui va suivre, rien ne l'introduit. L'audition d'un bruit, par exemple, ne se rattache en aucune façon à l'état mental précédent. Les images, au contraire, ont presque toujours, soit dans les perceptions antérieures, soit dans d'autres images, des antécédents qu'il est facile de reconnaître ; on en a, en quelque sorte, le pressentiment. Leur apparition s'explique presque toujours par certaines lois dites d'association des idées, qui tiennent à la constitution même de l'esprit. Elles sont presque toutes plus ou moins sous la dépendance de la volonté, qui peut à son gré les évoquer ou les écarter, à tout le moins les fortifier ou les affaiblir ; il ne dépend pas de nous, au contraire, d'avoir ou de n'avoir pas une perception. Aucun effort de notre part ne saurait l'appeler ou la retenir. Nous sommes en sa présence comme des spectateurs qui regardent le spectacle sans y pouvoir rien changer.

3° La sensation, tout le temps qu'elle dure, conserve intacte la combinaison d'idées qu'elle a d'abord provoquée. Le même lien qui a formé le faisceau l'empêche de se dissoudre. Il en résulte que la cohésion des parties est bien autrement forte dans les perceptions que dans les images. Les diverses idées qui composent la perception d'un arbre forment un tout si solide et dont les éléments ont entre eux des relations tellement fixes, que nul travail d'esprit ne peut les changer. Il est fort malaisé de distraire ces idées de l'ensemble auquel elles appartiennent pour les engager dans une autre combinaison. Les différentes parties des images sont bien moins étroitement associées. Lorsqu'on a conçu l'image d'un arbre, on peut, sans rencontrer une grande résistance, la modifier à sa guise, ajouter, retrancher ce que l'on veut, et en détacher des matériaux pour les faire servir à des constructions nouvelles.

4° Enfin, un procédé à peu près infaillible pour déterminer, parmi les idées, celles qui sont amenées par la sensation présente, c'est de modifier cette sensation, et d'observer les idées qui disparaissent alors ou subissent un notable affaiblissement. Elles sont à coup sûr la part de la perception, le reste appartient aux images. Ce dernier criterium est d'une si grande efficace, qu'il s'applique même au cas où les images sont assez vives pour qu'on puisse les confondre avec des perceptions ; si, lorsqu'on ferme les yeux, une vision demeure aussi vive que précédemment, c'est à coup sûr une hallucination ; de même, si quelque bruit ne diminue point lorsqu'on applique les mains sur les oreilles, il ne faut pas hésiter à le considérer comme un phénomène purement subjectif. On use ici du mode d'induction que Stuart Mill appelle méthode des variations concomitantes, et qui convient toutes les fois qu'il s'agit de déterminer, au milieu d'un grand nombre de phénomènes, ceux qui sont l'effet d'une cause toujours agissante, ce qui est le cas de la sensation ; on fait alors varier cette cause, et on lui attribue pour effets tous les phénomènes que cette variation affecte. Malheureusement, ces images si vives supposent un trouble d'esprit qui ne permet guère un raisonnement suivi. La même fermeté d'esprit qui le rendrait possible, le rendrait sans doute inutile, et c'est un remède dont on ne peut user à moins d'être déjà bien portant.

CHAPITRE III

I. Résultats généraux des recherches physiologiques. — II. Les organes des sensations sont distincts de l'organe des perceptions et des images.—III. Les perceptions et les images ont, au contraire, le même organe. — IV. Les diverses perceptions ou images ne sont pas localisées dans les différentes parties du cerveau.

I.

On vient de rappeler les principales différences que l'on découvre entre les perceptions et les images en s'observant seulement soi-même; voyons à présent si l'analyse physiologique en découvrira d'autres plus cachées, ou bien si elle fournira de nouvelles preuves de l'étroite parenté de ces deux espèces de phénomènes, et de la différence profonde qui les sépare des sensations.

Si l'on demande quelle lumière de telles recherches peuvent jeter sur la question, il est aisé de répondre : qu'au contraire des physiologistes, qui partent de la connaissance des fonctions pour rechercher les organes, les psychologues peuvent tirer de la connaissance des organes un argument en faveur de la ressemblance ou de la différence des fonctions.

Pour ceux qui refuseraient de recevoir le témoignage des physiologistes, en prétextant les incertitudes et les contradictions qui les divisent encore, on peut ajouter que ce qui est douteux ne projette point son ombre sur ce qui est certain. Il s'en faut bien, dites-vous, que les maîtres de la science soient toujours d'accord ; qu'importe, pourvu que, sur les questions principales, leurs expériences soient décisives et leur doctrine unanime. A qui sied-il moins qu'à des philosophes de triompher avec trop de hauteur du désaccord des savants ? Les représailles ne sont-elles donc point en vérité trop faciles ? Loin de nous cette curiosité hautaine et dédaigneuse qui méprise une satisfaction incomplète, et tient que rien n'est fait tant qu'il reste quelque chose à faire ; maxime souvent nuisible en politique, toujours en philosophie ; car enfin, si l'on veut toujours faire le dernier pas, on ne fera jamais le premier.

D'ailleurs, sur les questions qu'on va leur adresser, les physiologistes ont à peu près cessé toute controverse, et tous répondent d'une commune voix :

1° Que les sensations d'une part, les perceptions et les images de l'autre, ont des organes distincts ;

2° Que l'organe des perceptions est le même que l'organe des images ;

3° Que pour les perceptions comme pour les images cet organe est unique.

II.

Rappelons d'abord en peu de mots et d'une façon fort grossière la structure du système nerveux.

C'est, comme on sait, un vaste ensemble répandu par tout le corps, mais dont les éléments (cellules ou fibres nerveuses) s'accumulent plus particulièrement dans le crâne et la colonne vertébrale. On peut y distinguer tout d'abord deux séries d'organes : les centres nerveux proprement dits et les nerfs qui s'en détachent et rayonnent de toutes parts.

On sait aussi que le rôle principal et presque unique des nerfs est de transmettre aux centres nerveux les impressions superficielles, ou bien de propager dans les organes l'excitation partie des centres. Les nerfs sont donc des conducteurs, mais non entièrement passifs, puisque, dans certains cas, ils modifient un peu l'impression qu'ils transmettent (1).

Si l'on coupe un nerf tout près du centre nerveux auquel il aboutit (de la moelle épinière par exemple, s'il s'agit d'un nerf rachidien) et qu'on en excite le bout périphérique, aucune sensation ne se produit; si, au contraire, c'est le bout central qu'on irrite, la sensation suit tout aussitôt, et elle est la même, quelle que soit la partie du nerf où l'on ait pratiqué la section.

Les centres nerveux sont, par conséquent, la partie essentielle du système. Ils forment une masse continue, allongée, renflée à la partie supérieure, renfermée dans une boite osseuse, et composée de deux substances intimement soudées l'une à l'autre, la substance blanche et la substance grise.

_____

(1) Il semble bien démontré qu'ils l'augmentent, tandis que les conducteurs électriques affaiblissent toujours le courant. Les nerfs auraient donc leur activité propre, qui viendrait s'ajouter à celle des centres nerveux.

Quant à la configuration extérieure, on peut y reconnaître plusieurs parties : la moelle épinière, le bulbe rachidien, la protubérance annulaire, les tubercules quadrijumeaux, le cervelet, les pédoncules cérébraux, les couches optiques, le corps strié, les lobes cérébraux.

Les physiologistes déterminent le rôle de ces divers organes en les retranchant ou en les désorganisant un à un sur un animal vivant et en observant quelles fonctions disparaissent à la suite de ces mutilations.

Il est difficile de déterminer précisément le siége des diverses sensations. Les sensations, qui paraissent simples à la conscience, ont sans doute des conditions physiologiques très-complexes et qui exigent le concours de plusieurs organes. A vrai dire, les savants n'ont jamais été tout à fait d'accord sur ce point. Cependant une opinion avait fini par prévaloir, et l'on considérait généralement la protubérance annulaire comme le siége des sensations organiques et des sensations du goût et de l'ouïe (1), et les tubercules

_____

(1) Voir Vulpian : *Leçons sur la physiologie du système nerveux*, p. 541-548.

Longet : *Traité de physiologie*, t. II, p. 241.

quadrijumeaux comme le siége des sensations optiques ; mais cette dernière localisation avait toujours
rencontré des contradicteurs (1).

D'autres physiologistes sont venus, forts de nouvelles expériences, remettre tout en question, et re-
vendiquer pour les couches optiques le rôle principal
dans les sensations. Ce n'est point qu'ils refusent
d'admettre le rôle de la protubérance annulaire et des
tubercules quadrijumeaux ; encore moins contestent-
ils les expériences sur lesquelles leurs prédécesseurs
ont fondé leurs théories ; seulement ils interprètent
ces expériences un peu différemment. Ils soûtiennent
que le travail physiologique, commencé dans la protubérance et les tubercules, s'achève seulement dans
les couches optiques et ne devient conscient qu'après
avoir subi en cet endroit une nouvelle élaboration.
« La couche optique, dit M. Poincaré, représente la
limite supérieure du système nerveux sensoriel. Elle
touche immédiatement à la sphère psychique, et elle
seule a le pouvoir de relier le système nerveux intel-

(1) Voir Vulpian : ouvrage cité, p. 557.
Flourens : *Recherches expérimentales sar les propriétés et les fonctions du système nerveux chez les animaux vertébrés.*

lectuel au précédent. C'est dans la couche optique que les images sont produites (il ne faut pas prendre ici le mot dans son sens ordinaire), que les objets sont photographiés, que les vibrations sonores sont transformées en sons, que les effluves des corps odorants deviennent des odeurs, que les ébranlements du contact direct deviennent pour la conscience une impression de tact. Là, le fait sensoriel est accompli, et le cerveau n'a plus qu'à discuter, à raisonner, à interpréter ces images, ce son, cette odeur, ce toucher (1). »

Les couches optiques occupent le centre même du cerveau ; des faisceaux de fibres blanches les mettent en relation avec la couche corticale des lobes cérébraux. On y distingue quatre petits noyaux isolés de substance rougeâtre, placés à la file, d'avant en arrière, et constituant autant de centres distincts affectés (à ce que l'on croit) aux diverses sensations. Le noyau antérieur semble réservé aux sensations de l'odorat ; le suivant, qui est le plus volumineux de tous, aux sensations optiques ; le troisième, plus central que les

---

(1) Poincaré : *Leçons sur la physiologie du système nerveux,* XXXIIIᵉ leçon.

autres, aux sensations organiques ; le dernier, enfin, aux sensations acoustiques (1).

Le docteur Fournié est parvenu à injecter, dans les diverses parties des couches optiques, du chlorure de zinc, qui désorganise les tissus en les durcissant ; il a vu les diverses sensations disparaître, suivant la partie qu'il détruisait, les sensations optiques par exemple, lorsque le second noyau était atteint (2).

Tel est à peu près aujourd'hui l'état de la question. Du reste, quelle que soit la solution définitive, un fait est désormais acquis sans conteste, c'est que les sensations ont dans le système nerveux un siége spécial différent du cerveau proprement dit. Si, en effet, on retranche les hémisphères cérébraux en laissant le reste intact, on supprime toute manifestation intellectuelle, mais les sensations persistent. L'animal mutilé, destitué de toute intelligence, ne laisse pas de voir la lumière, et si l'on fait un brusque mouvement

---

(1) Voir Luys : *Recherches anatomiques, physiologiques et pathologiques sur les centres nerveux*. Du même auteur, *le Cerveau* (*Revue scientifique*, 13 mars 1875).

Ritti : *Théorie physiologique de l'hallucination*. Paris, 1875.

(2) Fournié : *Recherches expérimentales sur le fonctionnement du cerveau*. Paris, 1873.

vers lui, il détourne la tête comme pour éviter un danger (1); il sent une saveur amère et cherche à s'en délivrer par des mouvements brusques de mastication (2); il sursaute lorsqu'on frappe dans les mains (3); il crie quand on le pique ou qu'on le pince (4). Enfin, il accomplit tous les mouvements qui ne supposent aucun acte d'intelligence joint à la sensation.

III.

Les lobes cérébraux, ou plus exactement les portions de substance grise de ces lobes, sont l'organe de l'âme pour toutes les opérations intellectuelles. Ne saurait-on concevoir qu'elle use d'un autre ou même qu'elle se passe tout à fait d'organe? Il n'y a à cela nulle impossibilité. Quand on songe combien ce que nous connaissons est peu de chose au prix de ce qui est; quand on se représente le petit espace faiblement éclairé par notre science, et tout autour la grande

(1) Vulpian, p. 557.
(2) Longet : *Traité de physiologie*, t. II, p. 243.
(3) Vulpian, p. 548; Longet, 241.
(4) Vulpian, p. 541.

nuit qui l'environne ; quand on comprend que cet espace ne saurait s'étendre sans toucher par plus de points à l'inconnu qui l'enserre de tous côtés ; quand on se rappelle les cruels démentis que l'expérience inflige chaque jour à ceux qui veulent trop rapprocher les bornes du possible ; quand on voit de grands esprits, comme Stuart Mill, par une défiance excessive de la raison, se demander si les lois mathématiques elles-mêmes ne perdent point leur vertu dans quelque nébuleuse lointaine, on s'étonne de rencontrer des philosophes assez sûrs d'eux-mêmes, assez avant dans le secret des choses, assez bien informés de ce qui se peut et de ce qui ne se peut pas, disons mieux, assez présomptueux ou assez naïfs, pour affirmer : qu'en dehors des conditions actuelles nulle existence n'est possible, que la destruction des organes est le terme fatal de la vie, et que c'est la même chose de briser l'outil ou de tuer l'ouvrier. Ne soyons point si téméraires, et constatons ce qui est sans prétendre en faire la mesure de ce qui peut être, car c'est une grande folie.

Les recherches physiologiques, en fixant dans les lobes cérébraux (qui sont la partie supérieure et la plus considérable de l'encéphale) le siége des facultés intellectuelles, n'ont fait que confirmer ce que l'expérience la plus vulgaire avait de tout temps permis de deviner. Il y a longtemps que l'on dit par métonymie qu'un homme a une bonne tête, pour dire qu'il est fort intelligent. Après un travail d'esprit insolite par la durée ou l'intensité, on ressent distinctement une fatigue dans la partie de la tête occupée par les lobes. Une impression trop vive, un travail d'intelligence excessif, altèrent notablement la substance cérébrale, si bien que l'on trouve alors en plus grande abondance dans les excrétions les produits de l'usure de la substance nerveuse (par exemple, les phosphates ammoniaco-magnésiens éliminés par les reins). Enfin, personne n'ignore que l'altération du cerveau entraine la perte ou l'affaiblissement de l'intelligence, et que l'idiotisme est la conséquence fatale d'un développement par trop incomplet de cet organe.

Priver un animal de ses lobes cérébraux, même en lui laissant tous les organes des sensations, c'est supprimer en lui, d'un seul coup, avec les perceptions, toutes les autres manifestations intellectuelles. Il ne reconnait plus sa nourriture et ne fait aucun effort

pour la prendre ; il ne l'avale que si on la lui introduit dans le gosier (1). Il conserve d'ailleurs toutes ses
facultés locomotrices et continue à marcher et à courir, mais s'il vient à rencontrer quelque obstacle sur
sa route, il ne sait ni l'éviter ni s'en détourner (2). Il
n'accomplit aucun mouvement spontané que l'on
puisse attribuer à un acte quelconque d'intelligence ou
de volonté. Il ne s'effraye plus, ne s'irrite plus (3); tous
ses instincts ont disparu (4). C'est vraiment l'animal
machine de Descartes, où tout se fait par rouages et
par ressorts.

IV.

Il reste à voir si les diverses perceptions ou images
sont localisées dans les différentes parties des lobes
cérébraux ou bien si les phénomènes intellectuels ont
tous le même organe. Il importe d'abord de bien poser

---

(1) Flourens, ouvrage cité, p. 125.
(2) *Id., ibid.,* p. 125.
(3) *Id., ibid.,* p. 130-131.
(4) *Id., ibid.,* p. 129.
Voir aussi Müller : *Manuel de physiologie,* t. I, p. 762.

la question. Veut-on savoir seulement si chaque partie du cerveau à un rôle particulier? Je pense que tout le monde est d'accord là-dessus. La division du travail physiologique est l'essence même de tout organisme. Otez cette spécialité d'organes, le cerveau ne sera plus qu'une masse confuse et inerte. L'esprit, du reste, se refuse à croire que les circonvolutions du cerveau, si constantes en général dans leur position et leur forme, soient de simples découpures, sans raison d'être particulière, des jeux de la nature.

Maintenant quelle est cette raison d'être? Voilà le point.

« Schiff, dans des expériences récentes aussi ingénieusement conçues que délicatement exécutées, est arrivé à démontrer d'une façon précise que, sur des animaux en expérience, la substance cérébrale s'échauffait localement suivant qu'elle était ébranlée successivement par telle ou telle catégorie d'impressions sensorielles, et qu'ainsi, dans le cerveau d'un chien auquel on faisait entendre des bruits inopinés, c'était telle ou telle région de sa substance qui s'échauffait, et que chez tel autre dont on exaltait la sensibilité gustative, c'étaient pareillement d'autres régions du cerveau qui entraient en éréthisme et s'échauffaient isolément (1). »

Ce qui parait bien démontré, c'est que ces localisations n'ont rien de commun avec ce que l'on appelle les opérations de l'entendement, telles que la comparaison, l'abstraction, etc.

De quel principe rationnel sont partis Gall et ses disciples lorsqu'ils ont entrepris de localiser ces diverses opérations? Sur quelles expériences ont-ils fondé leur doctrine? Il n'est pas aisé de le dire. Leur songe semblait si séduisant, que, sans doute, ils ne pouvaient se résigner à le croire un mensonge, et ne craignaient rien tant que le réveil. Les psychologues leur reprochèrent tout de suite de séparer des facultés intimement unies (2); mais ce furent les physiologistes qui leur portèrent les plus rudes coups. Ils y mirent

(1) Luys : *Revue scientifique,* 13 mars 1875.

Schiff : *Archives de physiologie,* 1870. — Je ne puis cependant m'empêcher de songer au sujet de ces expériences qu'il n'est guère de science où les illusions soient plus faciles qu'en physiologie, et où l'on voie plus facilement ce que l'on veut voir ou ce que l'on s'attend à voir.

(2) Par exemple, ils crurent difficilement que l'âme eût tout justement vingt-sept facultés, ainsi que le prétendait Gall, pas une de plus, pas une de moins.

un acharnement véritable ; et leur joie fut entière le jour où ils trouvèrent l'organe de la vénération chez le loup, et l'organe du meurtre chez le mouton, dont pourtant tout le monde parle comme d'un animal qui n'a point de méchanceté.

Cependant on peut dire que, à tout prendre, Gall a beaucoup contribué à l'avancement de la physiologie du système nerveux. C'est, en effet, une loi de l'histoire des sciences qu'une erreur ingénieuse et séduisante a toujours été l'avant-courrière de grands progrès. Elle imprime aux esprits une secousse qui les réveille. Elle ramène l'attention vers des questions longtemps négligées ; de toutes parts surgissent les expériences nouvelles. Parmi les savants qui travaillent à réfuter cette opinion ou à la défendre, quelques-uns rencontrent, chemin faisant, des vérités inespérées capables de les consoler de celles qu'ils poursuivent sans les atteindre. Ainsi, les fils du laboureur cherchèrent en vain le trésor promis par leur père, mais de beaux épis s'élevèrent des sillons longtemps tourmentés.

On connaît les célèbres expériences de Flourens et les conclusions qu'il en tira :

« 1° L'on peut retrancher, soit par devant, soit par derrière, soit en haut, soit par côté, une portion assez étendue des lobes cérébraux sans que leurs fonctions soient perdues ; une portion assez restreinte de ces lobes suffit donc à l'exercice de leurs fonctions.

« 2° A mesure que ce retranchement s'opère, toutes les fonctions s'affaiblissent et s'éteignent graduellement, et passé certaines limites elles sont tout à fait éteintes. Les lobes cérébraux concourent donc, par tout leur ensemble, à l'exercice plein et entier de leurs fonctions.

« 3° Enfin, dès qu'une faculté est perdue, toutes le sont ; dès qu'une faculté disparait, toutes disparaissent. Il n'y a donc point de siéges divers, ni pour les diverses facultés, ni pour les diverses perceptions ; la faculté de percevoir, de juger, de vouloir une chose, réside dans le même lieu que celle d'en percevoir, d'en juger, d'en vouloir une autre, et conséquemment cette faculté, essentiellement une, réside essentiellement dans un seul organe (1).

« Le siége de l'intelligence peut donc, pourvu que

---

(1) Flourens, ouvrage cité, p. 99-100.

la lésion ne dépasse pas certaines limites, être attaqué sur presque tous les points, sans perdre ses fonctions, quel que soit le point attaqué ; au contraire, si la lésion dépasse certaines limites, toutes les fonctions sont perdues. La conservation ou la perte de ces fonctions dépend donc non pas précisément de tel ou tel point donné des lobes cérébraux, mais du degré de l'altération de ces lobes, quel que soit d'ailleurs le point ou les points attaqués (1). »

Chez l'homme et les animaux supérieurs, le retranchement ne saurait impunément être poussé fort loin. Mais les pertes de substance cérébrale, si grandes qu'elles soient, n'entraînent la suppression d'aucune faculté déterminée, toutes ensemble sont affaiblies ; un des lobes peut même faire complétement défaut, l'autre accomplit à lui seul la fonction des deux (2). On remarque seulement, dans ce cas, que les malades ont moins de force pour le travail intellectuel, s'épui-

---

(1) Flourens, ouvrage cité, p. 263-264.

(2) Cruveilhier cite le cas d'un homme de quarante-deux ans, jouissant de toutes ses facultés intellectuelles, dont le lobe gauche du cerveau fut trouvé atrophié en entier. On peut consulter, pour les faits de ce genre, Nélaton : *Pathologie externe,* t. III, p. 570 et suivantes.

sent vite et sont contraints de dormir souvent. La perte de substance cérébrale semble donc influer sur la quantité des opérations intellectuelles plus que sur la qualité.

Il ne reste guère de doute que pour la faculté du langage, ou pour mieux dire la mémoire des mots. Beaucoup de physiologistes, M. Broca entre autres, veulent qu'elle soit localisée dans la troisième circonvolution frontale gauche. D'après eux, l'aphasie commence aussitôt que cette partie du cerveau est attaquée. Mais d'abord, y a-t-il une faculté spéciale du langage ? La parole n'est-elle pas au contraire un phénomène prodigieusement complexe et qui exige le concours de toutes les puissances de l'âme ? Ensuite n'at-on pas vu quelquefois l'aphasie survenir également, le lobe frontal du côté droit étant seul malade (1) ?

De plus, il est bien malaisé de distinguer nettement la perte de la mémoire des mots d'avec les autres troubles d'intelligence qui peuvent, par contre-coup, rendre la parole impossible. L'aphasie est souvent une difficulté insurmontable d'articuler plus qu'une perte

_____

(1) Wundt : *Physiologie,* p. 581 de la traduction française.

de mémoire. Ajoutons qu'il est difficile, mais non tout à fait impossible, de savoir au juste ce qui se passe dans l'esprit d'un homme qui ne peut parler. Enfin, pourquoi ne l'avouerai-je pas? je ne suis point tout à fait édifié sur la valeur de quelques observations qui ont bien l'air de n'avoir point été faites avec tout le soin désirable. Plus elles paraissent remarquables et curieuses, plus je m'en défie. Par exemple, j'ai peine à croire aux cas d'aphasie restreinte à une des parties du discours. Tel malade ne peut dire aucun adjectif, tel autre aucun substantif. Conclurons-nous donc que les adjectifs sont localisés quelque part dans un lobe du cerveau? Je ne sais trop comment les philologues recevraient une assertion aussi singulière.

D'ailleurs, cela soit dit pour prévenir tout malentendu, les psychologues n'ont absolument aucune répugnance à admettre cette localisation, pas plus que toute autre, du jour où elle sera parfaitement démontrée. Leurs hésitations ne viennent point d'un vain scrupule métaphysique, mais de ce qu'ils pratiquent la maxime de Descartes et ne veulent reconnaître aucune chose pour vraie avant de l'avoir vue évidemment être telle. Une fois admise cette proposition : le cerveau tout entier est l'organe de la vie psychologique prise dans son ensemble, le plus fort est fait, et il ne reste plus aucune difficulté à admettre celle-ci : telle partie déterminée du cerveau est l'organe de telle partie de la vie psychologique.

CHAPITRE IV

I. Nouvelles preuves de la ressemblance des perceptions et des images. — II. Mouvements provoqués indifféremment par celles-ci ou par celles-là. — III. Effets physiologiques. — IV. Interprétation de ces phénomènes.

I.

L'analyse physiologique confirme donc les résultats de l'observation intérieure, ou du moins n'y contredit pas. Les idées, qu'elles appartiennent aux perceptions ou aux images, ont le même siége organique, et qui est distinct du siége des sensations. La seule différence essentielle entre l'image et la perception est que dans la perception les deux séries d'organes entrent en jeu à la fois ; ce qui n'arrive pas dans l'image.

Il suit immédiatement de là une conséquence fort importante que l'on peut formuler ainsi : une image ressemble d'autant plus à la perception originale, que la sensation qui a provoqué cette perception y entrait pour une moindre part.

Or, on conçoit deux causes capables de réduire la part de la sensation ; ces deux causes sont ou la faiblesse de la sensation elle-même, ou bien le nombre et la force des idées qui l'accompagnent; ce sont donc aussi les causes qui rapprochent l'image de la perception.

C'est à cause de la faiblesse de la sensation, que voir un objet éloigné et faiblement éclairé est presque la même chose que l'imaginer, tandis que la vue actuelle d'un corps étendu, brillant et rapproché, est fort différente de son image.

De même, la perception et la pensée d'un son faible se ressemblent tellement qu'il est quelquefois difficile de décider si l'on entend ce son ou bien si on l'imagine, hésitation impossible pour un bruit éclatant.

L'influence du nombre ou de la vivacité des idées n'est pas moins évidente. Un homme d'une imagination puissante, c'est-à-dire qui conçoit beaucoup d'idées, et avec force, peut aller jusqu'à faire bon marché de l'absence de la sensation. L'image s'empare de lui avec autant de force que ferait une perception véritable ; quelquefois même, elle neutralise l'effet des sensations qui tendraient à provoquer des perceptions nouvelles ; elle remplit en quelque sorte toute la capacité de l'âme, si bien que rien d'étranger n'y saurait plus trouver place. C'est ce qui arrive, par exemple, lorsqu'un récit intéressant captive l'attention; tant qu'il dure, toutes les sensations glissent sur l'âme sans y enfoncer, et l'émotion de l'auditeur marque bien que les images qui l'occupent ont pour lui une valeur objective presque égale à celle des perceptions originales. On peut expliquer ainsi le goût singulier que les peuples intelligents, mais crédules et naïfs, montrent tous pour les contes.

« Qu'on s'embarque sur le Tigre ou sur le Nil, dit M. de Hammer, qu'on parcoure les déserts de l'Irak ou les plaines de la Syrie, qu'on visite les vallées du Hedjaz ou les solitudes délicieuses du Yémen, partout on trouve des conteurs dont les récits font le plus grand charme des habitants de ces contrées ; on les rencontre dans la cabane du fellah, dans les cafés des simples villages, comme dans les bazars des, plus riches cités. Lorsque la chaleur excessive du midi force la caravane à faire une halte, les voyageurs se rassemblent sous un arbre pour prêter une oreille attentive aux récits d'un conteur, qui après avoir su exciter pendant plusieurs heures l'étonnement et la curiosité de ses auditeurs, s'interrompt tout à coup à l'endroit le plus intéressant pour reprendre la suite de son histoire quand la fraîcheur du soir est arrivée; mais il ne la termine pas alors; il en ajourne la conclusion au lendemain, ou il commence en même temps un nouveau récit.

« Il faut avoir vu ces enfants du désert quand ils écoutent leurs contes favoris ; comme ils s'agitent, comme ils se calment, comme leur œil étincelle sur leur visage basané! comme la colère succède à des sentiments tendres, et des rires bruyants à leurs pleurs! comme ils perdent et retrouvent tour à tour la respiration! comme ils partagent toutes les émotions du héros et s'associent à ses joies et à ses peines! C'est un véritable drame dont les spectateurs sont aussi les acteurs. Les poëtes de l'Europe, avec tous les moyens dont ils disposent, le prestige des beaux vers, le charme de la musique, la magie des décors, ne produisent pas sur les âmes engourdies des Occidentaux la centième partie des impressions que produit ce conteur à demi sauvage. Le héros de l'histoire est-il menacé d'un danger imminent, les auditeurs frémissent et s'écrient : « Non, non, Dieu l'en préserve ! » Est-il au sein de la mêlée combattant avec son glaive les troupes de son ennemi, ils saisissent leurs sabres comme s'ils voulaient voler à son secours. Est-il enveloppé dans les piéges de la trahison, leur front se contracte péniblement, et ils s'écrient : « Malédiction aux traîtres ! » A-t-il succombé sous le nombre de ses adversaires, un profond soupir s'échappe de leur poitrine, suivi des bénédictions ordinaires pour les morts. « Que Dieu le reçoive dans sa miséricorde, qu'il repose en paix ! » Que si, au contraire, il revient triomphant et vainqueur, l'air retentit des bruyantes acclamations : « Gloire au Dieu des armées ! » Les descriptions des beautés de la nature, et surtout celles du printemps, sont accueillies avec des cris répétés de : « Taïb ! Taïb ! (bien ! bien !) »

Mais pourquoi chercher si loin nos exemples, quand, sous nos yeux, se renouvelle et refleurit sans cesse un peuple plus naïf et crédule que les riverains de l'Euphrate et du Tigre! je veux dire les enfants. C'est dans leur âme que l'imagination remporte ses plus belles victoires. Un enfant de cinq ou six ans est déjà assez riche d'expérience pour ne pas manquer de matériaux à mettre en œuvre, mais l'idée accablante des lois immuables du monde ne s'est pas encore présentée à son esprit, et la défiance qui nait du désenchantement lui est inconnue. Rien ne ralentit donc son vol dans les espaces sans limites du rêve ; son goût pour le merveilleux se déploie sans obstacle ; ignorant tout, il juge tout également probable ; aussi, tout ce qu'il imagine ou tout ce qu'on lui suggère l'affecte-t-il presque autant que la réalité. La curiosité passionnée avec laquelle les petits enfants écoutent des récits qui nous semblent absolument dépourvus d'intérêt, tient à la vivacité des images que ces récits excitent en eux ; vous leur faites voir réellement tout ce que vous leur contez. Gardez-vous de croire qu'il faille, pour les charmer, chercher quelque sujet singulier ou suspendre adroitement l'intérêt par d'ingénieuses péripéties ; prenez pour votre héros un enfant de leur âge ; placez-le dans telles circonstances qu'il vous plaira ; tâchez qu'il y ait dans votre récit quelque bête de sa connaissance, un chien, un chat, un oiseau ou un hanneton ; faites parler tous vos personnages, livrez-vous à l'inspiration du moment sans vous soucier de la vraisemblance et sans craindre les redites ; mettez avec cela quelque chaleur dans le débit, animez vos récits de tons vifs et familiers : vous êtes sûr d'exciter un intérêt aussi puissant qu'Hérodote contant aux Grecs, ces éternels enfants, les merveilles de l'Égypte ou de l'Asie. Vous pouvez, sans risque de les ennuyer, recommencer souvent la même histoire ; mais prenez garde d'y rien changer, vous détruiriez l'illusion qu'ils aiment, et leurs observations vous prouveraient bien vite qu'ils n'ont rien oublié de votre première version. C'est aussi grâce à cette force d'imagination vraiment prodigieuse que les enfants montrent dans leurs amusements tant d'ardeur et un esprit si inventif ; tout leur sert de jouet, parce que ce qu'ils voient, c'est bien moins la chose elle-même que l'image qu'elle excite. Il ne faut pas être en peine de leurs plaisirs, ils en inventent assez d'eux-mêmes, et un enfant s'amusera toujours moins de jouets coûteux et compliqués que de ceux qu'il aura choisis. Livrez-le à sa fantaisie, il s'en fera qui le satisferont pleinement : tout lui est bon pour fixer sa conception. Veut-il un sabre, tout, entre ses mains, devient sabre, une baguette, une pierre, un ruban ; pourvu que l'objet ait une forme quelque peu allongée, il le tient pour sabre, et le voilà content. Que le lendemain le goût des canons ou des vaisseaux vienne à succéder, le même objet sera canon ou vaisseau sans la moindre difficulté. Regardez un petit enfant qui commence à crayonner. Ce qui vous semble un assemblage informe de lignes capricieuses, est pour lui un tableau plein de naturel et de vie ; il l'achève avec une attention profonde et contemple son œuvre avec ravissement. Ce qui l'enchante, c'est sa pensée et non la figure grossière par laquelle sa main malhabile a cherché à l'exprimer (1).

---

(1) Les enfants ont déjà de leur âme l'imagination et la mémoire, c'est-à-dire ce que les vieillards n'ont plus, et ils en tirent un merveilleux usage pour leurs petits jeux et pour tous leurs amusements ; c'est par elle qu'ils répètent ce qu'ils ont entendu dire ; qu'ils contrefont ce qu'ils ont vu faire ; qu'ils sont de tous métiers, soit qu'ils s'occupent en effet à mille petits ouvrages, soit qu'ils imitent les divers artisans par le mouvement et par le geste ; qu'ils se trouvent à un grand festin et y font bonne chère ; qu'ils se transportent dans des palais et des lieux enchantés ; que bien que seuls ils se voient un riche

« Un enfant de deux ans et demi, de ma connaissance, passe une partie de ses journées à jouer le rôle
de cocher ; ses chevaux sont deux chaises dont il fait
un attelage au moyen de rubans ; lui-même, assis
derrière sur une troisième, les rênes dans une main,
un petit fouet dans l'autre, mène ses paisibles cour-
siers. Un léger balancement de son corps montre qu'il
les croit en marche ; peu à peu ce mouvement se ralentit, il tombe dans un repos voisin du sommeil, et
pourtant l'illusion dure encore ; mais si quelqu'un
vient à se placer devant les chaises, l'immobilité de
l'obstacle, en le désabusant, détruit son plaisir. Alors
il tempête, il se désole : on empêche ses chevaux d'a-
vancer.

« Le même enfant s'occupe assez régulièrement à
nourrir, avec des graines imaginaires, des oiseaux de

équipage et un grand cortége ; qu'ils conduisent des armées,
livrent bataille et jouissent du plaisir de la victoire ; qu'ils parlent aux rois et aux plus grands princes ; qu'ils sont rois eux-
mêmes, ont des sujets, possèdent des trésors qu'ils peuvent
faire de feuilles d'arbres ou de grains de sable, et, ce qu'ils
ignorent dans la suite de leur vie, savent à cet âge être les
arbitres de leur fortune et les maîtres de leur propre félicité.
(La Bruyère : *Caractères,* ch. xi.—Ed. Hémardinquer, p. 269.)

basse-cour, imaginaires aussi ; il demande qu'on laisse ouverte la porte de la chambre où il les tient, et si par hasard on la ferme, il se prend aussitôt à pleurer ; on empêche de sortir ses pauvres canards et ses pauvres poules.

« Un père entend de sa fenêtre que ses enfants tirent de l'arc dans le jardin. L'un est juge des coups, d'autres en appellent de ses décisions ; on se dispute, on crie, on applaudit aux vainqueurs, on insulte aux maladroits ; le père conçoit quelque inquiétude. Où ont-ils pris des arcs ? Peuvent-ils tirer à leur âge ? Ne se font-ils pas de mal ? N'y pouvant plus tenir, il descend dans le jardin et les observe ; il les voit rouges, animés, pleins de cette ardeur sérieuse qui accompagne les grands plaisirs. Toute la pantomime était parfaite, mais il n'y avait ni arcs, ni flèches, ni but ; un mur formait tout le matériel de l'exercice (1). »

_____

(1) M. Necker de Saussure : *l'Éducation progressive,* t. I, pages 189-190.

II.

Les perceptions sont presque toujours la cause d'actes volontaires ou spontanés, à tout le moins de tendances plus ou moins fortes à accomplir ces actes. Il est inutile d'insister sur les actes volontaires, qui dépendent bien moins de la perception elle-même que des réflexions qui la suivent et des résolutions qu'elles inspirent. Les actes spontanés seuls doivent être considérés comme l'effet direct sinon immédiat des perceptions.

L'observation la plus vulgaire découvre de nombreux exemples de ces actions irréfléchies, sortes de mouvements réflexes habituels ou instinctifs.

Ainsi la vue d'un corps qui se meut rapidement produit d'ordinaire une tendance à suivre le mouvement, des yeux, de la tête, ou même du corps tout entier. Cette tendance est surtout très-marquée lorsque le mouvement dure assez longtemps, et plus encore lorsqu'il se répète à intervalles égaux. Les gens désœuvrés qui s'arrêtent à regarder attentivement une

pendule finissent presque toujours par osciller légèrement, suivant les mouvements du balancier. C'est là
un cas singulier d'imitation ; on en pourrait citer
d'autres également remarquables : par exemple le bâil-
lement sympathique ou le rire contagieux qui éclate
dans une assemblée lorsque quelqu'un vient à rire
ou à bâiller ; ou encore les applaudissements una-
nimes qui partent de tous les points d'un théâtre
après que les gens, de qui c'est l'état, ont applaudi
avec quelque à-propos (1).

Or, les images des mêmes mouvements produisent
des tendances toutes pareilles. Un professeur ne saurait exposer un peu longuement la théorie du pendule
sans promener le bras alternativement de gauche à
droite. Un homme qui raisonne sur les ballons finit
toujours par lever les yeux au ciel. Parlez d'escrime,
vous ne tarderez guère à voir votre interlocuteur s'effacer, se mettre en garde et faire des appels du pied ;

_____

(1) On peut consulter sur la théorie de l'imitation :
Gratiolet : *De la Physionomie,* troisième partie.
P. Berthier : *De l'Imitation au point de vue médico-philo-
sophique.* Bourg, 1861.
Lhuys : *Des Actions réflexes du cerveau.* Paris, 1874.

il faut se féliciter si la crainte du ridicule l'empêche
de se fendre sur vous. Dans le vertige, la pensée
d'une chute possible crée une sorte de tendance à
tomber, un désir étrange de se précipiter. Un témoin d'imagination vive ne peut conter une scène
violente sans s'efforcer de la reproduire plus ou
moins par une pantomime expressive. Les enfants,
lorsqu'un spectacle les a frappés, essayent pendant
plusieurs jours d'en contrefaire les acteurs. S'ils ont
pris plaisir à une course de chevaux, le seul amuse-
ment qui leur agrée de longtemps est de jouer au
cheval : ils courent, galopent, se cabrent du mieux
qu'ils peuvent, et par toutes sortes d'onomatopées,
cherchent à imiter, avec plus ou moins de succès et
de bienséance, le bruit des sabots de l'animal, ses
hennissements et tout le reste.

Les curieuses expériences de M. Chevreul sur le
pendule explorateur prouvent qu'il suffit de la pensée
d'un mouvement possible pour communiquer aux
organes une impulsion tendant à le produire. M. Chevreul tenait un pendule au-dessus d'une cuve à mercure, se demandant si ce pendule allait osciller ; il le
vit bientôt décrire des oscillations, d'abord très-

petites, mais dont l'amplitude augmentait à mesure qu'il les suivait des yeux. Il eut alors l'idée d'interposer une lame de verre entre le mercure et le pendule, pensant que, peut-être, les oscillations s'arrêteraient. Elles s'arrêtèrent en effet, et cependant la cuve à mercure n'était pour rien dans le phénomène. La pensée et bientôt le désir du mouvement déterminaient dans le bras de l'observateur des mouvements musculaires presque insensibles, capables pourtant de donner le branle à un pendule léger. Il suffisait, en effet, de donner à la main un point d'appui fixe, ou même de se bander les yeux pour que le pendule restât immobile.

III.

Chose bien plus surprenante, on voit se produire après les images ceux-là même des effets des perceptions qui semblent plus particulièrement la suite de la sensation qui en fait partie. Tout le monde a présents à la mémoire beaucoup de faits de ce genre; l'on sait, par exemple, que la seule attente d'un bon repas fait, comme on dit, venir l'eau à la bouche; « d'autres eaux s'apprêtent dans l'estomac et déjà elles le picotent; tout se prépare à la digestion, et l'âme dévore déjà les viandes par la pensée (1). » Au contraire, il suffit de la pensée d'un mets répugnant pour provoquer des nausées.

Les traités de physiologie sont remplis d'observations pareilles ou plus concluantes encore.

Deux étudiants dissèquent ensemble; l'un d'eux, fort mauvais plaisant, s'avise de passer le dos d'un scalpel sur le doigt de son compagnon. Celui-ci pousse un cri terrible et soutient qu'il a senti le tranchant de l'acier pénétrer jusqu'à l'os (2). « On dit à une femme qu'elle va respirer du protoxyde d'azote, et on lui fait respirer de l'air atmosphérique; elle ne laisse pas de tomber en syncope après quelques aspirations (3). »

Fermez les yeux, et pensez deux ou trois minutes à un objet éloigné : vos yeux s'adapteront à la distance tout comme si vous regardiez véritablement cet objet; et si, aussitôt ouverts, vous les portez sur une chose

_____

(1) Bossuet :· *Connaissance de Dieu et de soi-même*, livre II, ch. XI.

(2) Voir Gratiolet : *De la Physionomie.*

(3) Müller : *Physiologie*, II, page 545.

6

toute voisine, vous ne la verrez point, où du moins vous la verrez fort mal. C'est peut-être ce qui fait que dans la rêverie, occupée en général à des choses éloignées, on ne voit point des objets si proches et si brillants, que la distraction toute seule ne suffit point à expliquer une telle insensibilité.

Voici une autre expérience du même genre : après avoir fixé longtemps une lumière verte, jetez vite les yeux sur une feuille de papier blanc, vous y verrez une tache rouge. La tache sera verte si c'est un objet rouge que vous avez regardé (les deux couleurs étant toujours complémentaires). Maintenant, tenez quelques instants les yeux fermés en pensant à quelque objet de couleur très-vive, regardez comme précédemment la feuille blanche, vous y verrez la même couleur complémentaire ; ce qui prouve que, dans les deux cas, les organes étaient affectés de la même façon.

IV.

Bien loin d'exagérer la ressemblance des perceptions et des images, il semble donc que j'en aie plutôt exagéré les différences. Qui voit, en effet, les conséquences physiologiques pareilles de ces deux états d'esprit ne peut s'empêcher de croire qu'ils sont tous deux accompagnés de quelque sensation.

. A la vérité, parmi les idées dont se compose une image, il faut compter en première ligne l'idée même de la sensation initiale; par exemple, l'image d'un arbre contient l'idée de la couleur verte, et les autres idées se groupent autour de celle-là dans l'image, comme elles se groupaient naguère autour de la sensation. On pourrait donc soutenir que c'est à cette idée, sorte de sensation affaiblie, qu'il convient d'attribuer les effets physiologiques précédemment signalés. Mais, à dire le vrai, une telle explication ne paraît guère plausible : l'idée a un siége organique, la sensation un autre, et l'on conçoit malaisément que des courants nerveux (1), partis de centres différents, puissent provoquer directement, dans les mêmes organes, les mêmes effets physiologiques. Il y a bien de l'apparence que les idées n'agissent que par l'intermédiaire des sensations qu'elles provoquent, si toute-

_____

(1) Ou tout ce qu'il plaira d'imaginer, des esprits animaux si l'on veut.

fois elles sont capables de provoquer des sensations. C'est la question qu'il faut maintenant examiner, fort importante comme l'on voit, car si l'on peut la résoudre affirmativement, les effets physiologiques des images s'expliqueront de la manière la plus simple. D'autres conséquences suivront : ainsi l'on devra distinguer deux espèces de sensations, les unes naissant des excitations extérieures, les autres des idées, celles-ci beaucoup plus faibles en général, mais ne laissant pas de produire aussi quelques mouvements et quelques effets physiologiques.

Il y aura donc également deux espèces de perceptions : les unes, celles auxquelles nous sommes accoutumés, où la sensation est le point de départ et provoque les idées ; les autres, extrêmement rares, où les idées provoquent la sensation, qui devient alors le point d'arrivée.

Il faudra enfin modifier légèrement la définition de l'image à peu près comme il suit : L'image est un ensemble d'idées séparées de la sensation ou accompagnées seulement de sensations provoquées par les idées elles-mêmes.

CHAPITRE V.

I. Des hallucinations. Ce sont de véritables perceptions. —
II. Les sensations qui en font partie sont provoquées par les
idées.

I.

Si certaines images ont la propriété singulière
d'exciter des sensations, cela doit surtout paraitre
dans les perceptions qui en résultent. En effet, tant
que ces sortes de sensations ne parviennent pas jusqu'à la conscience, et se manifestent seulement par
un petit mouvement réflexe ou une légère altération
dans les organes, il peut rester quelque doute sur
l'interprétation de pareils phénomènes, et qui sait si
les idées toutes seules ne suffisent pas à les expliquer ?
Mais le doute disparaît quand on voit, à la suite des
idées, les sensations surgir avec autant de force qu'a-

près les excitations extérieures, et les perceptions résultantes le disputer en netteté et en vivacité aux perceptions ordinaires. Les perceptions sans objet extérieur, les hallucinations, comme on les appelle, fournissent donc l'expérience décisive, la preuve sans réplique, du pouvoir des images de provoquer des sensations.

Les hallucinations sont extrêmement rares, et si je ne craignais de paraître avancer un paradoxe, j'en donnerais volontiers pour preuve ce fait même que tous les traités de physiologie, tous les livres spéciaux concernant les maladies mentales en rapportent un très-grand nombre. Je le demande en effet, l'empressement même que les médecins ont toujours mis à recueillir ces sortes de faits, le soin curieux avec lequel ils les décrivent, ne font-ils pas assez voir qu'ils les considèrent comme quelque chose de rare et dont il vaut la peine de tenir registre ? Cette remarque n'est peut-être point hors de propos, parce que l'on est toujours tenté de s'exagérer la fréquence et l'importance de ces sortes d'événements.

Quand on parcourt les recueils de Brierre de Boismont ou de Baillarger, on se persuade aisément qu'ils ne rapportent rien qui ne soit assez ordinaire et connu de tout le monde, et l'on est grandement surpris de n'éprouver rien de pareil; c'est bien pis quand on lit dans M. Lelut ou dans M. Moreau de Tours, que rien n'est si propre aux grands hommes que la fréquence des hallucinations. On se regarde alors volontiers comme un être déshérité de la nature, une espèce de monstre doué d'une organisation cérébrale fort défectueuse; on veut sortir au plus tôt d'un état d'infériorité si humiliant qu'on ose à peine se l'avouer à soi-même; on s'évertue à se croire halluciné pour regagner ainsi sa propre estime; comme la bonne volonté vient à bout de bien des choses, on finit par y réussir, l'amour-propre aidant; et de ce moment-là, on pense n'avoir plus rien à envier à Socrate.

Il faut cependant en prendre son parti : la plupart des gens mourront sans connaître les hallucinations autrement que par ouï-dire. Mais si rares qu'elles soient, il s'en produit bien assez, chez les grands hommes d'abord, mais surtout chez les fous, pour qu'il soit possible de les étudier et d'en déterminer le véritable caractère.

Il faudrait rapporter ici un grand nombre d'exemples pour ne point édifier la théorie sur un fondement insuffisant, mais ils sont si connus que j'aime mieux renvoyer le lecteur aux ouvrages spéciaux, les grands traités de Baillarger et de Brierre de Boismont, le traité des maladies mentales d'Esquirol et ceux plus récents de Morel et de Falret (1).

Je me contente de citer quelques cas remarquables et, à ce qu'il me semble, tout à fait significatifs. « En 1831, dit M. A. Gautier, en me rendant de Lyon à Saint-Amour, nous étions quatre dans la voiture : un ecclésiastique et moi dans le coupé, un officier et une autre personne dans l'intérieur. Cet officier avait récemment encouru des peines graves, il avait été mis en prison, expulsé de son régiment; il était envoyé à Strasbourg. Il entre fort tranquille-

---

(1) On peut encore consulter les ouvrages suivants :

Calmeil : *De la Folie.* Paris, 1845.

Michea : *Des Hallucinations, de leurs causes et des maladies qu'elles caractérisent.* Paris, 1846.

Lelut : *l'Amulette de Pascal,* 1846. — *Du Démon de Socrate,* 1856.

Maury : *le Sommeil et les Rêves.* — *La Magie et l'Astrologie dans l'antiquité et au moyen âge.*

Ritti : *Théorie physiologique de l'hallucination.* Paris, 1874.

ment dans la voiture, mais à peine avions-nous fait une demi-lieue, qu'il pousse des cris affreux ; il dit qu'on l'insulte, qu'il veut en avoir raison ; il appelle le conducteur et fait arrêter la voiture ; il monte avec précipitation sur l'impériale, où il croit entendre la voix d'un nommé Pouzet, avec lequel il a eu des démêlés au régiment ; il le cherche partout ; ne le trouvant pas, il rentre dans la diligence, toujours dans le même état d'agitation. Il continue d'entendre la voix de cet individu qui l'injurie, qui lui dit qu'il est destitué ; il s'emporte et veut absolument se battre avec lui. Arrivé à Meximieux à minuit, pendant qu'on change les chevaux, ce malheureux officier descend, tire son épée, et s'écrie : « Pouzet, sortez de l'endroit où vous êtes caché, venez vous battre ; ces messieurs seront nos témoins. Si vous ne vous montrez pas, et si je vous assassine, on ne pourra s'en prendre qu'à votre lâcheté. » Comme Pouzet ne descendait pas, l'officier monte sur l'impériale, enfonce à plusieurs reprises son épée dans les ballots avec l'intention de percer son ennemi. « Mais où se cache-t-il donc ? disait-il. Je l'entends, le lâche, il m'insulte, et je ne puis le trouver. » Enfin il remonte en voiture, mais son état d'agitation et de fureur persiste jusqu'à notre arrivée à Bourg, où nous descendons pour déjeuner. L'ecclé-siastique qui était avec nous cherche à le calmer, l'engage à oublier les injures et à pardonner à son ennemi. « J'y consens, monsieur l'abbé, dit l'officier, soyez notre médiateur, qu'il se montre, qu'il avoue ses torts, qu'il cesse de m'insulter; mais ne l'entendez-vous pas, le lâche? il continue de m'injurier, il dit que j'ai été destitué; c'est faux, j'ai seulement changé de régiment. Pouzet, montrez-vous donc, venez donc vous battre. Si vous ne le faites pas, je dirai partout que vous êtes un misérable, on vous crachera à là figure, on vous arrachera vos épaulettes. » Nous lui offrimes à déjeuner, il ne voulut rien accepter. Cet état d'agitation persista jusqu'à Lons-le-Saulnier, où il fut conduit à l'hôpital (1). »

« Pendant mon séjour à l'école, dit M. H..., je m'étais lié avec un enfant que j'appellerai D... La folle conduite de son père amena la ruine de sa famille, qui tomba dans le dernier degré de misère. Depuis un grand nombre d'années j'avais perdu de vue cet infor-

_____

(1) Baillarger : *Des Hallucinations,* 297, 298.

tuné qu'on avait embarqué pour s'en débarrasser,
lorsque j'appris qu'il était de retour et en proie à une
phthisie assez avancée; il fut soigné pendant sa maladie par le docteur C..., et mourut trois mois après
son retour. Je fus demandé pour faire l'examen de
son cadavre, et on concevra sans peine combien
furent tristes les réflexions que fit naitre en moi un
tel spectacle. Trois mois après, le souvenir de cet
événement se présenta à mon esprit dans les circonstances suivantes :

« Un soir, je lisais la *Vie de Chrichton,* par Tittler; ma
famille s'était retirée depuis longtemps, et je me pro-
posais, après avoir fini mon livre, d'aller me coucher,
quand j'aperçus sur ma table un billet de faire-part
pour assister aux funérailles de la mère de D... Çette
nouvelle donna naturellement une couleur sombre à
mes pensées; je me couchai et je venais d'éteindre
la bougie, lorsque je sentis qu'on me saisissait le bras
au-dessous de l'épaule, et qu'on le pressait avec force
contre le flanc. Je luttai pour me débarrasser et m'é-
criai : « Laissez mon bras.» J'entendis alors distinctement ces paroles prononcées à voix basse : «Ne soyez
pas effrayé.» Je répliquai soudain : « Permettez-moi

d'allumer la chandelle. » Alors on me lâcha le bras ; je
me dirigeai aussitôt vers un coin de l'appartement
pour allumer la lumière, ne doutant pas qu'il n'y eût
quelqu'un dans la chambre. J'éprouvai en cet instant
un malaise, un étourdissement qui furent sur le point
de m'accabler. Je réussis cependant à allumer la chandelle, et me retournant vers la porte, je contemplai
la figure de l'infortuné D...; la forme n'en était pas
bien saisissable, on aurait dit qu'une gaze était inter-
posée entre nous deux. Par une impulsion dont je ne
puis me rendre compte, je m'avançai vers l'apparition ;
elle reculait à mesure et descendit l'escalier jusqu'à ce
que nous fussions arrivés à la porte, où elle s'arrêta.
Je passai près d'elle et j'ouvris la porte de la rue ;
mais en ce moment j'eus un tel étourdissement, que
je tombai sur une chaise et laissai échapper le flam-
beau de mes mains. Je ne puis dire combien de
temps je restai dans cet état ; en revenant à moi,
j'éprouvais une violente douleur au-dessous des sourcils, je distinguais difficilement les objets ; j'eus la
fièvre et de l'insomnie pendant toute la nuit, et le
jour suivant je ressentis du malaise. Quoique la figure
n'eût pas été très-visible, je distinguais les différentes

couleurs des vêtements que D... portait pendant sa vie (1). »

Le même H... lisait *Philippe de Commines*, lorsque « portant la vue sur la croisée qui éclairait forte-ment une chaise placée près de lui, il aperçut sur cette chaise un crâne, et, persuadé de la réalité de cette vision, il se disposait à sonner afin de demander pourquoi l'on avait apporté cet objet dans l'appartement ; mais voulant l'examiner de près aupara-vant, il se leva et s'avança vers la chaise ; il était sur le point de saisir le crâne quand il le vit dis-paraitre. M. H... fut si surpris de cette circonstance, qu'il se sentit prêt à tomber, et pendant le reste de l'après-dîner il éprouva un léger étourdissement. Quinze jours après, il était assis dans la classe de rhétorique de l'Université d'Édimbourg, parlant avec un ami avant la leçon, lorsque, tournant les yeux subitement vers la croisée, il vit de nouveau le crâne sur le pupitre qui règne le long de la pièce; la con-viction fut encore telle qu'il dit à un ami : «Je ne sais

(1) Paterson : *Mémoire sur les hallucinations;* traduit par Brierre de Boismont. (*Annales médico-psychologiques,* t. III, page 413.)

ce que le professeur veut faire aujourd'hui avec un crâne. »

Manso, l'ami du Tasse et son biographe, raconte une hallucination curieuse dont il fut le témoin. Le Tasse lui parlait depuis longtemps d'un génie familier qui venait le visiter, et pour le convaincre de la vérité de ses paroles, il lui offrit de lui faire voir les choses merveilleuses qu'il avait seul jusqu'alors vues et entendues. Tous deux étant assis près du feu, le Tasse tourna les yeux vers la fenêtre, et les y fixa avec une telle attention qu'il semblait ne plus entendre son ami qui lui parlait et qu'il ne lui répondait pas. Bientôt le génie lui apparut et il voulut le faire voir à Manso. « Je tournai tout de suite les yeux du côté qu'il m'indiquait, dit Manso, mais j'eus beau regarder, je ne vis que les rayons du soleil qui pénétraient par les vitres de la fenêtre dans la chambre; pendant que je portais mes regards de tous les côtés, et que je ne découvrais rien d'extraordinaire, je m'aperçus que le Tasse était occupé à la conversation la plus sérieuse et la plus relevée; car, quoique je ne visse et n'entendisse que lui, la suite de son discours était distribuée comme elle doit l'être entre deux personnes qui s'en-

tretiennent. Il proposait et répondait alternativement.
Les matières dont il parlait étaient si relevées, le style
en était si sublime et si extraordinaire, que la surprise
m'avait en quelque sorte mis hors de moi-même. Je
n'osais ni l'interrompre, ni lui demander où était
l'esprit qu'il m'avait indiqué et avec lequel il con-
versait.

« Émerveillé de ce qui se passait sous mes yeux, je
restai assez longemps dans le ravissement, sans doute
jusqu'au départ de l'esprit. Le Tasse m'en tira en se
tournant de mon côté, et en me disant : « Êtes-vous
enfin dégagé de vos doutes ? — Bien loin de là, lui
dis-je, ils sont plus forts que jamais. J'ai entendu des
choses merveilleuses, mais je n'ai rien vu de ce que
vous avez annoncé. »

Ce qu'il importe pour le moment de bien remarquer dans ces exemples et dans ceux qu'on pourrait
lire ailleurs, c'est que l'hallucination est une perception réelle, qu'elle comprend des sensations toutes
semblables aux sensations ordinaires. Beaucoup de
médecins et un plus grand nombre de philosophes
soutiennent le contraire, et ne veulent voir dans les
hallucinations que de simples images un peu plus

vives que les autres. Ils font observer fort judicieuse-
ment que, lorsqu'il s'agit de phénomènes aussi étranges,
on doit faire une large part aux exagérations de langage; que le plaisir de conter des choses extraordinaires est cause que bien des gens parlent d'images
très-vives comme de véritables perceptions, et que
l'amour du merveilleux fait qu'on les en croit volontiers sur parole; que beaucoup d'hallucinés ne savent
trop comment exprimer ce qu'ils éprouvent; que lorsqu'ils parlent de voix qu'ils entendent, ou d'objets
qu'ils voient, ils ne veulent rien dire, sinon que
l'image de ces voix et de ces objets est si forte et si
distincte qu'elle les affecte presque autant que ferait
une perception. Tout cela est vrai, et si l'on n'avait
observé des hallucinations que chez les aliénés, on
pourrait peut-être soutenir, encore que cela fût bien
invraisemblable, que ce sont de simples images, et
qu'en les prenant pour des perceptions, les malades
se mentent à eux-mêmes et aux autres. Aussi des
médecins aliénistes illustres, Esquirol, Falret, suspec-
tant à bon droit le témoignage de leurs clients, sou-
tiennent-ils que l'hallucination est un phénomène
tout intellectuel, et qui ne suppose aucune inter-

vention des appareils sensoriels; mais leur explication ne paraît plus aussi satisfaisante, lorsqu'on voit
sujets aux hallucinations des hommes bien portants,
d'une intelligence ferme, d'un esprit éclairé (1), dont
plusieurs sont bien préparés par leurs études ordinaires à observer ce qui se passe en eux-mêmes. Si
les hallucinations dont ils se plaignent ne sont que
de pures images, il faut qu'ils soient en délire pour
en parler comme de perceptions véritables. Or, c'est
ce que l'on ne remarque point; ils conservent au
contraire toute leur raison, et apprécient fort bien
leur état. A cet égard, nul doute, les hommes spéciaux qui ont étudié les hallucinations sur des malades
capables de décrire ce qu'ils éprouvaient, et quelques-
uns sur eux-mêmes, affirment tous que ces hallucinations comprenaient des sensations, et, par conséquent, étaient des perceptions véritables. « Ce sont
réellement, dit Burdach en parlant des hallucinations
de la vue qui précèdent quelquefois le sommeil, ce
sont réellement des images qui apparaissent au sens
de la vue; quand ces images nous assiégent, nous les

_____

(1) On en trouve un exemple remarquable dans Charles
Bonnet : *Essai analytique sur l'âme,* ch. XXIII.

7

voyons réellement, c'est-à-dire qu'à l'occasion de la pensée, nous avons dans l'œil la même sensation que si un objet extérieur se trouvait placé devant cet œil ouvert (1). »

« Je crois, dit Baillarger, qu'il se produit chez la plupart des hallucinés des impressions sensorielles aussi réelles que celles qui donnent lieu aux sensations normales (2). » Et, entre autres raisons qu'il allègue à l'appui de son opinion, il se fonde « sur ce qu'il a lui-même éprouvé quant aux fausses perceptions de la vue, qui lui ont laissé la conviction intime d'impressions sensorielles aussi réelles que celles de l'état normal (3). »

Les aliénés revenus à la pleine possession de leur

_____

(1) Burdach : *Traité de physiologie;* traduction Jourdan, V, 206.

(2) Baillarger : *Des Hallucinations,* 383. On peut encore consulter les *Leçons sur la physiologie du système nerveux,* par le docteur Poincaré, 1874 (un des ouvrages les plus récents sur cette matière), XXXIV° leçon, tome II, pages 209 et suivantes. « L'opinion, dit-il, qui veut que les hallucinations soient à la fois intellectuelles et sensorielles, est bien certainement l'expression de la vérité. »

(3) Baillarger : *Des Hallucinations,* 373. Voir sur les mêmes hallucinations : Müller : *Manuel de physiologie,* II, 236.

raison, affirment la réalité de leurs perceptions pendant la maladie. « J'ai vu, disaient-ils à Esquirol, j'ai entendu aussi distinctement que je vous vois et que je vous entends (1). »

Les aliénés, lorsqu'on nie la réalité objective des objets de leurs hallucinations, répondent : Je ne suis pas fou, je sens bien ce que je sens. « Il n'y a rien à répondre à cela ; leurs hallucinations sont plus fortes, plus nettes, plus suivies, que la plupart de nos vraies sensations. »

Un jour, Foville veut discuter avec un prêtre halluciné la réalité objective des images qui l'assiégent. « Monsieur, répond le malade, je dois donc douter de tout ce que vous me dites, je dois douter que je vous vois, que je vous entends (2). »

Un Portugais répond à Leuret dans les mêmes circonstances : « Vous prétendez que je me trompe parce que vous ne comprenez pas comment ces voix que j'entends arrivent jusqu'à moi, mais je ne comprends

---

(1) Lelut : *Démon de Socrate,* 295.

(2) Foville : *Dictionnaire de médecine et de chirurgie pratique,* article ALIÉNATION MENTALE, tome Ier, 485. Consulter aussi Brierre de Boismont : *Des Hallucinations,* et Taine : *De l'Intelligence.*

pas plus que vous comment cela se fait ; ce que je sais bien, c'est qu'elles y arrivent, puisque je les entends ; elles sont pour moi aussi distinctes que votre voix ; et si vous voulez que j'admette la réalité de vos paroles, laissez-moi admettre la réalité des paroles qui me viennent je ne sais d'où, car la réalité des unes et des autres est également sensible pour moi (1). »

Une jeune fille hallucinée se croyait entourée de démons ; elle les voyait, les entendait, les touchait, et quand on voulait la tirer de son erreur, elle répondait : « Comment connaît-on les objets ? parce qu'on les voit et qu'on les touche ; comment connaît-on les personnes ? parce qu'on les voit, qu'on les entend et qu'on les touche. Or, je vois, j'entends, je touche les démons qui sont hors de moi, et je sens de la manière la plus distincte ceux qui sont dans mon intérieur. Pourquoi voulez-vous que je répudie le témoignage de mes sens, lorsque tous les hommes les invoquent comme l'unique source de leurs connaissances ? » Et quand on comparait son état à l'état des autres malades dont elle reconnaissait, elle-même, la

---

(1) Leuret : *Fragments psychologiques,* 209.

folie : « Ce que mon œil voit, répondait-elle, mon oreille l'entend, ma main le touche; les malades dont vous me parlez se trompent, l'un de leurs sens est contredit par l'autre; pour moi, au contraire, j'ai l'autorité de tous (1). »

Les malades qui entendent des voix, les distinguent fort bien des voix intérieures ou simples suggestions; ils en indiquent le timbre et la hauteur, ils apprécient la rapidité ou la lenteur du discours : nous savons ainsi par Luther que la voix du diable est grave et forte, et qu'il pose ses arguments d'une façon pressante.

Les mêmes observations s'appliquent aux hallucinations du toucher, du goût ou de l'odorat : toutes sont des perceptions réelles. Un malade croit attraper des farfadets et les attache à ses draps avec des épingles comme il ferait des papillons; un autre prend de petits fantômes comme on prend des mouches et les lance à terre avec force. Certains extatiques sentent

---

(1) Bayle : *Revue médicale.* Je remarque cependant, à propos de cette observation, que l'auteur qui la rapporte semble bien prêter à la malade ses propres idées, son propre langage et même sa propre théorie sur l'origine des idées.

sur leur palais toutes sortes de saveurs délicieuses ;
des malades se plaignent de rencontrer mêlés à leurs
aliments du vitriol, de la terre, du plâtre ; ils trouvent
que tout sent la pharmacie. « La sensibilité générale
prête aussi à des déviations du même genre. Beaucoup d'individus se montrent convaincus qu'on vient
de les pincer ou de les piquer, ou que des animaux
courent entre leurs vêtements et leur peau. Souvent
ce sont des secousses que le malade croit éprouver,
et qu'il attribue à une influence électrique (1). »

Ces exemples, et il serait aisé d'en multiplier le
nombre, sont décisifs. La perception, c'est-à-dire
l'image accompagnée de sensations, est possible en
l'absence de tout antécédent extérieur.

_____

(1) Poincaré : *Leçons sur la physiologie du système nerveux,*
tome II, page 206.

On peut encore lire l'ouvrage du docteur Despine : *De
la Folie au point de vue philosophique.* Paris, 1875. « L'halluciné, dit-il, voit par ses yeux l'objet représenté dans le phénomène comme si cet objet existait et comme s'il avait réellement impressionné le nerf optique. La connaissance de
l'hallucination, le raisonnement qui démontre l'impossibilité
de la présence des objets, le témoignage d'autrui qui en affirme
la non-existence peuvent seuls donner à l'halluciné la certitude
que ces objets n'existent pas (page 221). ».

II.

Maintenant il faut voir d'où viennent les sensations qui font partie de ces perceptions.

A cet égard, on a fait deux hypothèses. Suivant la première, le point de départ des hallucinations serait dans les organes des sens, et, par suite, l'hallucination ne différerait que très-peu de la perception ordinaire. Dans la perception ordinaire, une cause extérieure ébranle l'organe, les nerfs transmettent l'impression aux centres sensoriaux, la sensation suit ; cette sensation réagit sur les lobes cérébraux, elle provoque une image et la perception commence. C'est à peu près la même chose dans le cas de l'hallucination, à cela près que le trajet de l'impression est moins long ; l'antécédent normal qui agit à l'extrémité périphérique du nerf est remplacé par une excitation accidentelle sur un point quelconque du parcours de ce nerf, ou bien sur le centre nerveux même ; mais, dans un cas comme dans l'autre, la sensation naît de dehors en dedans ; elle est toujours l'antécédent de l'image, jamais le conséquent.

Voici les principaux faits que l'on allègue à l'appui de cette théorie.

Si l'on irrite n'importe comment les nerfs des sensations spéciales, on n'obtient pas de sensations de douleur, mais toujours des sensations en rapport avec la nature particulière de ces nerfs.

Les sensations sont donc le résultat de l'activité propre des diverses parties du système nerveux, quel que soit l'agent qui lui donne le branle. Usez de l'électricité, du scalpel ou du poison, toujours le nerf optique répondra par une sensation de lumière, le nerf acoustique par une sensation de bruit, etc. Si donc certaines sensations résultent d'une excitation accidentelle des organes sensoriels, pourquoi n'en serait-il pas toujours ainsi, même dans les cas où la cause de l'excitation nous échappe? d'où vient que l'on repousse une explication qui semble s'offrir d'elle-même? L'électricité, la chaleur, le magnétisme, que sais-je, le fluide nerveux ou tout autre agent aussi mystérieux, ne peuvent-ils pas, en l'absence de tout ébranlement extérieur, provoquer dans les organes des altérations semblables aux altérations normales?

Les hallucinations dédoublées, c'est-à-dire relatives à un côté seulement des organes sensoriels doubles, fournissent aux partisans de cette doctrine un autre argument, et des plus spécieux. Les exemples n'en sont pas rares. Marc Donat parle d'une personne âgée de cinquante ans, qui, depuis une maladie grave, voyait sans cesse une araignée, des spectres, des tombeaux. Ces hallucinations avaient lieu seulement quand elle ouvrait l'œil gauche, le droit étant fermé, tandis que l'hallucination s'évanouissait dans l'épreuve opposée, et cependant cette personne n'avait rien d'anormal ni dans les tuniques, ni dans les humeurs de l'œil.

Maisonneuve a observé un jeune épileptique dont les attaques étaient précédées d'hallucinations de la vue; il apercevait une roue dentelée, au centre de laquelle était une figure horrible; or, dit Maisonneuve, l'œil gauche de ce malade était seul frappé de cette illusion. Dans son intéressant ouvrage sur le haschich, M. Moreau de Tours cite le cas d'un aliéné ayant des hallucinations de la vue, et qui disait apercevoir seulement de l'œil droit des visions imaginaires. Le même auteur rapporte encore le cas d'un halluciné de Bicêtre qui entendait des voix fantastiques tantôt de l'oreille droite, tantôt de l'oreille gauche, et jamais de toutes les deux à la fois.

Une dernière preuve pathologique que les sens peuvent intervenir comme élément provocateur dans le phénomène de l'hallucination, c'est que les hallucinations de la vue se lient dans certains cas à des maladies de l'œil. « Une petite fille, dit M. Guépin (*Études physiologiques sur l'œil et la vision*), que j'ai soignée deux fois pour des ulcères graves de la cornée, a été prise deux fois d'hallucinations curieuses : pendant toute la période de gravité de ces ulcères scrofuleux, elle voyait à côté d'elle, à gauche et toujours au même endroit, une image en plâtre de la Vierge. Nous avons vu nous-même, dit encore M. Guépin, chez un malade traité par un de nos confrères, une affection de l'iris, de la choroïde et de la rétine de l'œil opéré, qui avait déjà attaqué l'autre œil, au moment où nous fûmes appelé, et qui avait déterminé des hallucinations qui ont cessé avec les souffrances de l'œil non opéré ; ces hallucinations consistaient dans la vue incessante d'objets nuisibles, désagréables et dangereux, tels que précipices, animaux féroces, etc. (1). » « Un de nos clients, dit le D.ʳ Despine, fut attaqué à l'œil gauche d'une ulcération de la cornée. Pendant la période d'acuité de la maladie, il vit d'abord des objets indéterminés se mouvoir avec beaucoup de rapidité, puis ces objets prirent la forme d'une nichée de pintades : « J'en vois des centaines, nous disait-il, qui courent de tous côtés ; il y en a de toutes les grosseurs, les unes ont à peine leurs plumes, les autres sont revêtues de leur plumage tacheté. » (Cette personne avait eu dans sa basse-cour des pintades.) Plus tard, ce ne furent plus des pintades qu'il voyait, mais une rivière limpide coulant avec rapidité (2). »

Cette théorie plait d'abord par sa simplicité ; cependant, sans méconnaitre le rôle important que les sensations subjectives jouent dans l'hallucination, je crois que la cause principale de ce phénomène doit être cherchée dans l'esprit même, ou si l'on aime mieux dans les lobes cérébraux qui en sont l'organe.

Remarquons premièrement que dans la doctrine

<hr/>

(1) Morel : *Maladies mentales,* 369, 370.
(2) Despine : *De la Folie au point de vue philosophique.* Paris, 1875.

qui vient d'être exposée, on ne distingue pas assez
nettement la sensation de l'hallucination proprement
dite ; il n'est pas douteux, et de nombreuses expériences en font foi, que l'excitation ou la lésion d'un
nerf spécial puisse provoquer des sensations plus ou
moins vagues en rapport avec la spécialité de ce nerf.
L'excitation du nerf optique produira des lueurs confuses, des étincelles, des cercles lumineux ; l'excitation du nerf acoustique, des bourdonnements, des
bruits de cloche, etc. Mais il y a bien loin de ces sensations subjectives de la vue, de l'ouïe et des autres
sens, à des perceptions véritables.

En second lieu, beaucoup des exemples que l'on
apporte pour prouver l'origine sensorielle des hallucinations, sont réellement des exemples d'illusion
(en entendant par ce mot toute croyance erronée qui
a son point de départ dans un état particulier des
organes des sens). Dans l'illusion, la sensation fournit
le canevas sur lequel l'imagination vient ensuite
broder, mais rien ne prouve qu'à côté de tels phénomènes, il ne s'en puisse rencontrer d'autres, assez
semblables quant aux effets, et dus pourtant à une
cause fort différente. Si l'hallucination venait toujours

d'une irritation ou d'une lésion, elle durerait autant que la lésion ou l'irritation, et serait toujours la même tant que la lésion persisterait ; pendant tout le cours de sa maladie, le malade ne verrait qu'un objet ou un petit nombre d'objets. C'est ce qui arrive dans les maladies des yeux, le strabisme, l'amaurose, etc. ; les mêmes phénomènes anormaux se reproduisent constamment. Le malade voit toujours les objets doubles, ou il ne cesse d'apercevoir des cercles brillants ou des gerbes de feu. Au contraire, rien de plus changeant, de plus capricieux que les hallucinations, le même instant les voit naitre et s'évanouir pour faire place à d'autres aussi fugitives ; on n'y rencontre presque jamais la fixité qui caractérise les illusions.

J'avouerai de plus que je ne vois pas bien comment on trouve dans la théorie que je combats de quoi expliquer les hallucinations associées de plusieurs sens. A moins d'être doué d'un esprit fort enclin au merveilleux, il est difficile d'imaginer des lésions simultanées accidentelles si proprement ajustées ensemble, que les sensations qui en sont la suite puissent être attribuées au même objet ; j'accorde, si l'on veut, qu'à la suite d'une blessure de l'œil, le malade verra un fantôme ; mais le touchera-t-il, l'entendra-t-il parler? Pour ma part, j'aimerais autant croire au fantôme lui-même qu'à une rencontre si extraordinaire. De plus, on voit souvent l'hallucination d'un sens provoquer l'hallucination des autres, suivant les lois ordinaires de l'association des idées. Un malade voit le diable, bientôt il l'entend, puis il le touche, puis il sent une odeur de soufre, etc.

Ce n'est pas tout : les hallucinations comme les rêves, reflètent d'ordinaire les idées les plus habituelles de ceux qui les éprouvent. On pourrait leur appliquer les vers de Lucrèce :

« Et quo quisque fere studio devinctus adhæret,
« Aut quibus in rebus multum sumus ante morati,
« Atque in ea ratione fuit contenta magis mens,
« In somnis eadem plerumque videmur obire :
« Causidici causas agere et componere leges,
« Induperatores pugnare ac prælia obire,
« Nautæ contractum cum ventis degere bellum (1). »

Un esprit simple et crédule est hanté d'autres visions qu'un sceptique. Le gourmand voit des mets délicats et en sent l'odeur exquise ; l'avare plonge ses

_____

(1) *Lucrèce,* livre IV, 959-965, de l'édition Bernays.

mains dans l'or ; un caractère morose est assiégé de visions lugubres ; au contraire, un esprit joyeux s'égaie en hallucinations riantes. Les hallucinations des savants sont des hallucinations savantes ; les ignorants restent ignorants dans leur délire. Le malade qui s'entretient avec un interlocuteur imaginaire ne lui prête pas plus d'esprit qu'il n'en a lui-même, et tous les personnages fantastiques qui font la conversation d'un sot sont des sots au même degré que lui. On retrouve souvent dans les hallucinations le souvenir d'études antérieures. Je ne sais plus quel savant, à la suite d'un travail fatigant sur les religions de l'Orient, eut le plaisir d'assister ainsi à la naissance du monde d'après la cosmogonie des Hindous.

Ajoutons une dernière preuve : c'est que si dans l'hallucination la sensation était la cause de l'image, elle viendrait la première ; au contraire, on remarque que l'hallucination est presque toujours précédée d'une image longtemps combattue. Cette image obsède l'esprit en dépit des efforts qu'il fait pour la chasser ; enfin, dès qu'elle est assez vive, la sensation survient et la perception est complète ; on dirait une flamme qui éclate après avoir longtemps couvé.

Les exemples abondent de ces hallucinations, qui sont comme le dernier période d'images envahissantes, et qui ne prennent le caractère de perceptions qu'après une longue résistance de l'esprit qu'elles assiégent (1).

Il faut donc renoncer à chercher la cause principale de l'hallucination dans une lésion ou dans une excitation accidentelle des appareils sensoriels; on ne peut l'expliquer qu'en admettant une action réciproque des images sur les sensations et des sensations sur les images, ou, si l'on aime mieux, des appareils sensoriels sur les lobes cérébraux, et des lobes cérébraux sur les appareils sensoriels. Et, en y réfléchissant un peu, on ne doit pas être plus surpris de cette action de la pensée sur les sens que de l'action des sens sur la pensée. Cette dernière action est à la vérité la plus ordinaire; dans l'immense majorité des cas, l'excitation va de dehors en dedans, la sensation commence, l'image suit; mais le contraire arrive quelquefois. Pour emprunter à la mécanique une comparai-

_____

(1) On peut en voir un exemple frappant dans M. Taine : *De l'Intelligence,* tome Ier, pages 132 et suivantes.

son qui fasse bien entendre ma pensée, je dirai que les appareils sensoriels sont comme le piston d'une machine à vapeur, et les lobes cérébraux comme le volant ; d'ordinaire, c'est le mouvement du piston qui est cause du mouvement du volant, mais souvent aussi, la vapeur venant à manquer, le volant, à son tour, peut mouvoir le piston.

CHAPITRE VI.

I. Conflit des sensations et des images. — II. Direction des images par les sensations.

I.

Pour mieux entendre, dit Bossuet, ce que feraient par eux-mêmes des chevaux fougueux, il faut les considérer sans bride et sans conducteur. On vient d'en agir ainsi avec l'imagination, et pour bien connaitre sa puissance, on a tâché de la surprendre dans un excès où elle se porte rarement. Maintenant, il faut s'enquérir des causes qui l'empêchent d'user à chaque instant de toute sa force, et pourquoi, ayant ainsi le pouvoir d'exciter des sensations, il lui arrive si rarement de le faire.

Observons d'abord qu'il est bien rare qu'une image

parvienne à ce degré d'énergie où elle est capable
de donner le branle aux organes. Il y faut un concours
de circonstances physiques et intellectuelles tout à
fait extraordinaire; car ceux-là même qui veulent que
toute image provoque quelque sensation, doivent
convenir pourtant que cette sensation participe presque toujours de la faiblesse de l'image qui l'a produite,
puisqu'elle reste pour ainsi dire à fleur d'âme et n'arrive pas jusqu'à la conscience. Remarquons de plus
que le monde ne cesse de s'agiter et de bruire autour
de nous, et que les sensations amenées par les causes
extérieures viennent à chaque instant se jeter à la
traverse des sensations plus faibles excitées par les
images. Le même centre nerveux ne peut être à la
fois dans deux états différents, ni obéir en même
temps à des sollicitations contraires; une sensation
s'oppose donc absolument à toute autre sensation
simultanée de même espèce. Je pense présentement à
un arbre, mais cette image ne saurait en aucune façon
amener les sensations qui la compléteraient et en
feraient une perception; en effet, tout en songeant, j'ai
les yeux fixés sur un grand mur blanc qui ne cesse
de m'envoyer des sensations toutes contraires, et si

vives, que l'image est absolument impuissante à les combattre.

Ce n'est pas tout, on dirait que la sensation prend à son tour l'offensive; après s'être opposée au progrès de l'image, elle la combat encore en lui suscitant des rivales qui d'abord l'affaiblissent et bientôt la ruinent tout à fait. A tout moment, un afflux nouveau de sensations apporte ainsi à l'esprit une nouvelle matière à mettre en œuvre et lui impose une tâche qui le divertit des pensers qui l'occupaient précédemment.

Ces changements déterminés par les sensations ne sont pourtant pas brusques, ou du moins cela n'arrive que fort rarement; ni une image ne s'efface, ni une autre n'apparaît tout d'un coup. Il faut un temps appréciable pour passer d'un état au suivant, et la transition est toujours plus ou moins ménagée, sinon toujours aperçue; sans cela, plus de continuité dans la vie psychologique; tout s'y ferait par saccades et soubresauts; ce serait une suite d'éclairs dans la nuit; à chaque instant, nous nous trouverions dans le trouble d'esprit d'un homme qu'un bruit soudain et violent vient de réveiller en sursaut.

Tout le monde connait ce que les physiciens appellent des vues fondantes. Concevons deux appareils de projection, placés de façon que les axes convergent vers le même endroit d'un écran ; supposons une disposition mécanique telle, que le diaphragme de l'un des appareils soit entièrement fermé, lorsque le diaphragme de l'autre est entièrement ouvert, et que l'un s'élargisse à mesure que l'autre se rétrécit ; enfin, supposons que les images projetées soient tout à fait différentes, par exemple la vue d'un édifice et la vue d'une forêt.

L'intensité des images dépendant de la quantité de lumière, on conçoit sans peine qu'à mesure que le diaphragme de l'un des appareils se rétrécit, l'image correspondante décroisse proportionnellement, en même temps que l'autre augmente d'éclat. On voit peu à peu la première image s'altérer ; des traits appartenant à la seconde s'y mêlent et chaque instant les rend plus visibles ; bientôt la confusion est extrême ; puis la seconde image devient à son tour prépondérante ; de la première il ne reste plus que quelques linéaments épars et de plus en plus rares ; on dirait l'ancienne écriture d'un palimpseste qu'on reconnaît encore sous la nouvelle. Enfin, ils disparaissent et le changement est complet.

On peut dire à peu près le même des images qui se succèdent dans l'esprit; à mesure que les sensations en apportent de nouvelles, on les voit ainsi se mêler graduellement aux anciennes, qui apparaissent encore quelque temps, puis s'effacent tout à fait.

Seulement, il est rare que la transition se fasse d'un mouvement continu : presque toujours, on observe une sorte de rhythme qui ramène à tour de rôle l'ancienne image et la nouvelle. L'esprit semble osciller quelque temps avant de trouver son équilibre; mais la première image s'affaiblit à chaque retour, et enfin elle ne reparaît plus.

Il y a donc un antagonisme perpétuel entre les images et les sensations qui tendent à les détruire pour leur en substituer d'autres : une vive douleur ne permet guère de penser qu'à elle, et les plaisirs très-vifs ne gênent pas moins la pensée. Au contraire, tout ce qui diminue la fréquence ou l'intensité des sensations fortifie par là-même les images; elles ne sont jamais si vives que pendant le sommeil, lorsque les sensations sont rares et faibles. Délivrées de la contradiction importune que les sensations leur opposent sans cesse durant la veille, elles prennent alors leur revanche, s'emparent de l'âme et y règnent sans partage : ainsi un ennemi toujours prêt à profiter des conjonctures favorables, enlève une ville assiégée dans le temps que les sentinelles sont endormies.

L'on peut observer que les sensations de chaque ordre sont de plus grands obstacles aux images du même ordre qu'aux images d'ordre différent ; des impressions visuelles très-distinctes ne nous empêchent nullement de concevoir des sons. Nous pouvons boire d'une liqueur et penser à un tableau, passer la main sur une surface rugueuse et imaginer une saveur. Au contraire, l'audition d'un son rend presque impossible la conception d'un autre son, et une sensation visuelle exclut une image visuelle.

Il suit de là que toutes les causes qui rendent un organe insensible aux impressions extérieures, ajoutent beaucoup à la vivacité des images de même nature que les sensations dont cet organe est le siége.

Les hallucinations de l'ouïe sont très-fréquentes chez les sourds. M. Baillarger dit avoir eu dans son service cinq femmes atteintes de surdité à différents

degrés ; toutes avaient des hallucinations de l'ouïe ;
l'une d'elles était complétement sourde, et c'est chez
elle que les hallucinations étaient les plus fortes. Les
fausses perceptions de la vue surviennent surtout dans
l'obscurité ; presque toujours la lumière les fait évanouir. Certaines personnes n'ont qu'à fermer les yeux
pour provoquer aussitôt des hallucinations optiques.
Il en est qui ne peuvent s'endormir sans avoir de la
lumière dans leur chambre ; s'ils négligent cette pré-
caution, toutes sortes de visions effrayantes viennent
les tourmenter. La fatigue d'un organe, en émoussant
la sensibilité, prédispose par là même aux fausses perceptions ; on en observe fort souvent de telles après
l'observation de quelque objet brillant ou après un
usage prolongé du microscope.

Quand un homme veut méditer, une sorte d'instinct l'avertit de rechercher la solitude, et de se dérober ainsi aux sensations qui pourraient le distraire ;
il tâche à prendre une position commode, sachant
bien que lorsque le corps est à la gêne, il trouble
l'âme par des sollicitations continuelles. Un élève
studieux aux prises avec une leçon difficile, s'applique
fortement les mains sur les oreilles, ferme les yeux,

et se fait le plus petit qu'il peut, comme pour donner moins de prise aux choses extérieures (1).

Quintilien recommande aux écrivains de fuir les distractions de la campagne : rien, selon lui, n'étant plus propre à dissiper l'esprit que le bruit du vent dans les branches et les chansons des oiseaux ; toutes choses charmantes, mais qui ne laissent point le loisir de penser. Il veut que l'on travaille la nuit, dans une chambre bien close, avec une seule lumière, ou mieux encore, dans une cave, comme faisait Démosthène (2).

A ce prix, peut-être serait-il plus sage de ne pas composer. Heureusement, le judicieux écrivain en fait lui-même la remarque, heureusement tout n'est pas perdu pour un oiseau indiscret qui aura chanté mal à propos (3). Il faut savoir travailler en dépit des fâcheux ; il faut que la volonté triomphe des distractions inévitables et retienne de vive force la pensée

---

(1) On sait l'héroïque résolution de Démocrite, qui se creva les yeux, afin que rien ne vînt le distraire dans ses méditations. (Aulu-Gelle, X, 17.)

(2) Quintilien : *Instit. orat.*, livre X, ch. III.

(3) « Non statim, si quid obstrepet, abjiciendi codices erunt et deplorandus dies. » (*Instit. orat.*, livre X, ch. III.)

qui l'intéresse et qui veut s'enfuir. Il faut qu'en voyage, dans la foule, au milieu de la libre gaité d'un repas d'amis, l'esprit sache, au besoin, se faire son secret et son silence en soi-même, et cela n'est point au-dessus de sa puissance. Ce n'est pas en effet la sensation toute seule qui nous divertit de nos pensers, mais bien plutôt l'attention que nous lui prêtons. La sensation est une solliciteuse qui demande audience, mais, presque toujours, il dépend de nous de la lui accorder. Laissons-la se morfondre à la porte, si nous avons mieux à faire qu'à l'écouter, ou bien qu'elle revienne quand nous serons de loisir. A condition d'exercer cet empire sur nous-mêmes, une grande affluence de sensations, au lieu d'être un obstacle à la pensée, la rend souvent plus facile. L'esprit en devient plus agile et plus dispos. Il ressent une sorte de légère ivresse qui accroît ses forces. C'est ce que l'on observe, par exemple, en voyage; il semble que le mouvement incessant et irrégulier de la voiture, les cahots, les conversations des autres voyageurs, la nouveauté des pays que l'on traverse doivent provoquer de continuelles distractions. Chacun sait qu'il n'en est rien et qu'on ne rêve jamais mieux qu'en voyage.

II.

On a jusqu'à présent supposé que la sensation détruit absolument l'ancienne image et lui en substitue une autre tout à fait nouvelle. Cela, à vrai dire, arrive rarement et seulement dans le cas où l'image provoquée par la sensation est absolument incompatible avec la précédente. La plupart du temps, il se fait une sorte de compromis entre les deux ; et la sensation, au lieu de briser le cadre de l'image, l'élargit seulement de façon à y trouver place.

Je suis assis l'hiver près d'un bon feu, lisant un voyage dans l'Afrique équatoriale ; peu à peu, mes yeux quittent le livre et je m'abandonne à la rêverie. Je voyage à mon tour sous un ciel ardent; les souvenirs que la lecture m'a laissés brillent d'un éclat extraordinaire ; je marche à l'ombre des palmiers ; je rencontre nombre d'éléphants et de lions. La crainte bien légitime qu'ils m'inspirent ne m'empêche point, tant le sommeil donne de courage, de suivre les traces glorieuses des Specke et des Livingstone. Je recule bien loin vers le sud la source mystérieuse du Nil ;

j'arrive chez les Cafres et les Hottentots; je suis au
Cap; un navire est justement en partance pour la
pêche dans les régions antarctiques; je m'embarque,
bientôt le navire est entouré de glaces flottantes; à
l'horizon se dressent des montagnes blanches de
neige....; un bruit soudain dissipe mon assoupisse-
ment....: je trouve le feu éteint et il fait froid. La
sensation, trop faible pour dissiper tout à fait le rêve,
l'a peu à peu transformé de façon à s'y adapter, et,
de l'Afrique au climat brûlant, a conduit le songeur
dans les régions polaires.

Rien n'est plus curieux que l'industrie avec laquelle
l'esprit sait ainsi, dans les songes, ajuster ses idées
aux sensations qui surviennent. Dugald-Stewart cite
l'exemple d'un de ses amis qui, s'étant endormi avec
une boule d'eau chaude aux pieds, rêva qu'il voyageait
en Italie sur le cratère du Vésuve en éruption; un
autre, ayant trop serré son bonnet de nuit, songea
qu'il était pris par les sauvages et qu'on était en train
de le scalper. Couchez-vous dans un lit mal fait et
fort en pente, il vous semblera rouler vers un précipice et vous ferez des efforts désespérés pour vous
retenir. En l'absence des sensations ordinaires, les

moindres impressions paraissent considérables ; une piqûre insignifiante à laquelle pendant la veille on ne prêterait aucune attention devient une blessure dangereuse ; le poids léger d'une couverture semble un fardeau accablant. Aristote avait déjà remarqué cette singulière exaltation de la sensibilité pendant le sommeil. « Les plus petits mouvements, dit-il, paraissent énormes, on croit entendre la foudre et les éclats du tonnerre parce qu'un tout petit bruit s'est produit dans les oreilles....; on croit traverser des brasiers et être brûlé, parce qu'on a quelques petites cuissons dans une partie quelconque du corps (1). »

M. Maury cite de curieux exemples de cette intervention des sensations dans les rêves. «Je me rappelle, dit-il, que, dans mon enfance, m'étant assoupi par un effet de la forte chaleur, je rêvai qu'on m'avait placé la tête sur une enclume et qu'on me la martelait à coups redoublés : j'entendais en rêve très-distinctement le bruit des lourds marteaux ; mais, par

---

(1) Δῆλον δ'ἐπὶ τῶν συμβαινόντων κατὰ τοὺς ὕπνους πολλάκις· Οἴονται γὰρ κεραυνοῦσθαι καὶ βροντᾶσθαι μικρῶν ἤχων ἐν τοῖς ὠσὶ γινομένων, καὶ μέλιτος καὶ γλυκέων χυμῶν ἀπολαύειν, ἀκαριαίου φλέγματος καταρρέοντος, καὶ βαδίζειν διὰ πυρὸς καὶ θερμαίνεσθαι σφόδρα, μικρᾶς θερμασίας περὶ τινα μέρη γινομένης· ἐπεγειρομένοις δὲ ταῦτα φανερὰ τοῦτον ἔχοντα τὸν τρόπον.

(Arist., *De div. per Somn.*, I.)

un effet singulier, au lieu·d'être brisée, ma tête se
'fondait en eau; on eût dit qu'elle était faite de cire
molle. Je m'éveille, je me sens la figure inondée de
sueur, transpiration qui n'était due qu'à la haute
température, mais, ce qui était plus remarquable,
j'entends dans une cour voisine habitée par un ma-
réchal, le bruit très-réel de coups de marteau; nul
doute que ce ne fût ce son que mes oreilles avaient
transmis à mon esprit engourdi ; il y avait là une sensation réelle associée à un fait imaginaire, le martel-
lement de ma pauvre tête que je sentais aussi très-
réellement se fondre en eau (1). »

L'adaptation des rêves aux sensations qui viennent
s'y mêler se fait avec une rapidité singulière. Une
pensée du sommeil, dit Byron, est capable d'embras-
ser les années et de concentrer en une heure la plus
longue vie. « Casimir Bonjour racontait à ses amis
qu'un soir, à la première représentation de l'une de
ses pièces, accablé de fatigue, il s'était endormi dans
la coulisse au moment même où le rideau se levait.
Pendant son sommeil, il avait vu passer sous ses yeux

_____

(1) Maury : *le Sommeil et les Rêves,* 131, 132.

ses cinq actes entiers avec tout l'accompagnement des impressions diverses qu'éprouvaient et manifestaient les spectateurs à chaque scène. Arrivé à la fin du drame, il s'entendit avec bonheur nommer au milieu des plus vifs applaudissements. Tout à coup il s'éveille; éveillé, il regarde; il n'en pouvait croire ni ses yeux, ni ses oreilles : on en était encore aux premiers vers de la première scène ; il n'y avait pas deux minutes qu'il s'était endormi (1). »

Cette vélocité prodigieuse de la pensée durant le sommeil explique bien comment il se fait que l'accident qui nous réveille, un bruit soudain, un coup, une lumière vive, semble souvent la conclusion logique, le dénouement prévu du rêve qui justement nous occupait. Le court instant qui sépare du réveil le moment où la sensation a été perçue, suffit à ajuster le songe à la réalité. Si, par exemple, c'est un coup qui nous éveille, nous aurons le temps d'imaginer une querelle, des injures, des menaces et un geste de notre adversaire, dont le coup paraîtra la conséquence toute naturelle.

(1) Macario : *le Sommeil*, 47.

Beaucoup se plaisent à croire que, durant le sommeil, l'âme est affranchie des liens du corps ; tout au contraire, ces liens ne pèsent jamais plus lourdement sur elle. Les mille petites sensations internes qui résultent du jeu normal ou irrégulier des organes, la tiennent continuellement sous leur dépendance. Souffrons-nous quelque peu de la faim, l'imagination nous transporte près d'une table abondamment servie ; éprouvons-nous quelque malaise, nous nous voyons en rêve dans un embarras quelconque, par exemple nous nous avisons, au milieu d'une soirée, que nous avons oublié notre habit ; un étudiant rêve qu'il passe un examen et qu'on l'interroge sur des sujets qui lui sont complétement étrangers ; un avocat a oublié la cause sur laquelle il doit plaider, etc.

Les rêves sont donc souvent le reflet de l'état physiologique ou pathologique du songeur : c'est au point que plusieurs médecins pensent qu'il peut être utile de s'enquérir des rêves ordinaires du malade. Cicéron en fait la remarque : «*Medici ex quibusdam rebus et advenientes et crescentes morbos intelligunt* (1).»

---

(1) Cicéron : *De Divinatione*, II, 69.

Galien a même écrit un petit traité à ce sujet (1).

« Qu'on interroge des chlorotiques sur les rêves qui leur sont le plus habituels, et l'on sera étonné de la similitude extrême de leur narration. Toutes ou presque toutes se croient à la campagne ; elles entendent le doux murmure de l'onde, le bruit du vent à travers le feuillage, et sur ce thème uniforme, leur imagination compose d'innombrables variations, dont l'origine, plus ou moins facile à retrouver, est toujours ce son entendu pendant le silence de la nuit, c'est-à-dire le souffle, le murmure musical, le chant des tourterelles, le bruit de diables, produit par la circulation du sang chlorotique dans les artères du cerveau ; c'est ce bruit qui, sans l'intermédiaire des parties extérieures de l'organe de l'ouïe, est perçu par la région de l'encéphale destiné aux sensations auditives.

----

(1) Les travaux les plus importants à consulter sur la question sont les suivants :

Alberti : *De Vaticiniis ægrotorum*. — Halle, 1724.

Double : *Considérations séméiologiques sur les songes,* dans le *Journal général de médecine,* tome XXVII, page 189.

L'article RÊVE du *Dictionnaire des sciences médicales.*

Maury : *la Magie et l'Astrologie dans l'antiquité et au moyen âge,* page 233 (troisième édition).

« Que la maladie qui entretient le sang dans les conditions favorables à la production des bruits musicaux dans les artères soit guérie, aussitôt les rêves changent de nature et ne présentent plus ce caractère spécial qu'ils empruntent à leur cause particulière.

« Nous venons d'indiquer seulement une forme des rêves dus aux bruits artériels, il en est une foule d'autres qui paraissent avoir la même origine. Ainsi, c'est principalement aux jeunes filles de la campagne que ce bruit fait rêver arbres et ruisseaux, aux jeunes filles de la ville il rappelle les douces mélodies et les brillants concerts ; il leur fait entendre les chœurs des anges et les hymnes des saints (1). »

Il arrive donc quelquefois que les rêves ont vraiment une valeur prophétique, l'on en pourrait citer de nombreux exemples : un homme que menace une maladie de cœur rêve plusieurs nuits de suite qu'on lui laboure le cœur avec un poignard. Arnaud de Villeneuve songe qu'il est mordu par un chien à la jambe, et un ulcère cancéreux s'y développe bientôt.

_____

(1) Longet : *Cours de physiologie,* II, 416-417.

M. Teste, ancien ministre de la justice sous Louis-Philippe, rêva qu'il avait une attaque d'apoplexie, et trois jours après son rêve, il succombait effectivement à cette affection (Macario). Galien cite un malade qui songea qu'il avait une jambe de pierre, et quelque temps après cette même jambe était frappée de paralysie. Même durant la veille, lorsqu'il survient dans l'organisme des désordres graves et permanents, l'imagination, étonnée de ces sensations étranges et comme déconcertée par le désordre de la machine, se trouble profondément; il n'est pas rare, dans ce cas, de voir les malades faire sur la cause de ces sensations les hypothèses les plus étranges. Celui-ci se croit de verre et n'ose bouger de crainte de se casser en tombant; si quelqu'un le heurte, il tâche d'imiter les vibrations du verre. Celui-là, se sentant plus léger que de coutume, ne trouve à cela d'autre raison plausible qu'une transformation de son corps en ballon. Tel autre se considère comme une broche à filer le coton et passe tout le jour à s'enrouler un long fil autour du corps. « Une femme croyait avoir dans le ventre un concile d'évêques; à l'autopsie, Esquirol trouva des désordres caractéristiques dans les organes digestifs. Les viscères abdominaux adhéraient entre eux et avec les parois abdominales par la membrane péritonéale qui était très-épaisse ; il fut impossible de séparer les intestins les uns des autres, tant leur adhérence était forte ; ils formaient une masse solide inextricable ; le foie était très-volumineux, s'étendant à l'hypocondre gauche, où il adhérait avec la rate (1). »

« Une aliénée, qui avait tout à la fois une phthisie pulmonaire et un anévrisme du cœur, éprouvait souvent des douleurs dans la région précordiale, accompagnées de battements de cœur tellement violents qu'elle s'imagina avoir un animal dans la poitrine. Sa conviction à cet égard était si forte qu'elle essaya plusieurs fois de lui donner issue pour se délivrer des angoisses qu'elle attribuait à sa présence. L'ouverture du corps montra les caractères de la phthisie pulmonaire la plus avancée et un cœur volumineux, sans être énorme, mais avec adhérence du péricarde à la plèvre costale.

« Un homme très-distingué par sa position sociale

_____

(1) Morel : *Des Maladies mentales,* 331.

et par son intelligence fut atteint de mélancolie hypo-
chondriaque. Parmi les phénomènes du délire très-
complexe qu'il présentait, se trouvait une illusion
singulière : les déplacements de gaz qui avaient
lieu fréquemment dans ses intestins le jetaient dans
l'anxiété la plus grande. Étonné qu'une si petite cause
donnât lieu à un si triste résultat, nous lui en deman-
dâmes l'explication avec le témoignage du plus vif
intérêt, et pendant longtemps il garda à cet égard
le silence le plus obstiné. Plus tard, il nous avoua
qu'il croyait avoir des oiseaux dans le ventre et qu'il
craignait de les voir s'échapper et de dévoiler ainsi
cette déplorable infirmité.....

« Un officier ayant eu un abcès considérable dans
les parois de l'abdomen, s'imagina avoir dans le bas-
ventre deux chiens de Terre-Neuve éclatants de blan-
cheur ; lorsque les douleurs étaient plus intenses, il
croyait qu'ils se battaient dans son ventre et cherchait
à les apaiser en passant doucement la main sur les
parois abdominales comme pour les caresser; sa conviction était si profonde que, lorsque l'abcès fut ouvert,
il se mit à appeler ses chiens, sans faire la moindre
attention à la douleur, ni à la quantité énorme de pus

qui s'écoulait..... L'idée des chiens de Terre-Neuve surgit avec la formation de l'abcès et disparut à son ouverture..... Lorsqu'on lui en parlait plus tard, il répondait que ces chiens s'étaient échappés et qu'il ignorait ce qu'ils étaient devenus (1). »

On rencontre un autre exemple, et des plus curieux, de cette direction des images par les sensations, dans l'étude des mouvements expressifs. D'ordinaire, ils suivent la pensée ou le sentiment dont ils sont le signe, mais si, par une cause quelconque, ils viennent à se produire même fortuitement, la sensation musculaire qui les accompagne provoque à son tour le sentiment, et par le sentiment, la pensée.

Il y a des sentiments que l'on peut ainsi exciter en soi-même à un faible degré, pourvu que l'on prenne l'expression qui les caractérise. Composez-vous le visage d'un homme fâché, et vous sentirez bientôt s'agiter et bruire en vous quelque chose qui ressemblera à la colère. Quand on se sent troublé par une passion violente, la première chose à faire pour ramener la sérénité dans son esprit, c'est de rendre le

(1) Falret : *Maladies mentales*, 213, 216.

calme à son visage. Les mots par lesquels on a coutume d'exprimer un sentiment peuvent à leur tour le produire. Il ne faut que lire des vers à haute voix pour entrer presque aussitôt dans les sentiments de l'auteur ou du personnage qu'il fait parler. Un avocat qui commence un plaidoyer, mal assuré de la justice de sa cause et de la force de ses raisons, s'affermit dans son idée à mesure qu'il la développe, s'étonne de n'avoir point d'abord trouvé son affaire si bonne, et s'enivrant de ses propres paroles, parvient à la conviction en parlant comme s'il était convaincu ; il est la première dupe de son éloquence. Tel chant lyrique, expression d'un sentiment patriotique exalté, rend un instant à ceux qui le répètent, même à contre-temps, quelque chose de l'ardeur héroïque qui l'inspira.

Ce pouvoir de direction des attitudes et des mouvements sur la pensée est surtout remarquable pendant le sommeil. On fait prendre à un somnambule ou à un hypnotisé l'attitude qui marque l'épouvante : bientôt sa pâleur, le tremblement qui agite ses membres, les efforts qu'il fait pour s'enfuir, attestent la terreur profonde qui s'est emparée de lui. On lui donne l'attitude de l'orgueil, presque aussitôt il se redresse, évidemment très-satisfait de lui-même. On lui compose une physionomie riante en écartant les coins de la bouche et en les relevant légèrement, une minute ne s'est pas passée que des éclats de rire témoignent que l'on a excité en lui des idées très-comiques. Il n'est pas plus difficile de le faire pleurer amèrement.

« Non-seulement de simples émotions, dit Carpenter, mais encore des idées précises peuvent être ainsi provoquées. Levez la main du patient au-dessus de sa tête, et fléchissez ses doigts sur la paume, l'idée de grimper, de se balancer, de tirer une corde est provoquée ; si au contraire vous lui fléchissez les doigts, tout en laissant pendre ses bras le long de son côté, l'idée qui s'éveille en lui est celle de soulever un poids, et si les doigts sont fléchis pendant que le bras est porté en avant dans la position de donner un coup, c'est l'idée de boxer qui surgit. » On voit alors le somnambule ou l'hypnotisé compléter l'action spontanément. »

CHAPITRE VII

I. Direction des sensations par les images. Illusions. — II. Direction des images les unes par les autres. — III. Effet du conflit d'images incompatibles. — IV. Résultats de la domination absolue d'une image.

I.

Bien loin que la sensation remporte toujours sur l'image une victoire complète, il arrive quelquefois qu'elle demeure tout à fait impuissante et fait à peine dévier un peu l'image qu'elle vient heurter. Qui ne sait le pouvoir d'une méditation profonde? Les exemples illustres abondent. C'est Archimède, occupé à une proposition difficile, qui n'entend ni le tumulte de sa ville prise d'assaut, ni la voix du soldat romain qui l'interpelle. C'est Pascal, qui ne sent plus le mal de dents pendant qu'il résout le problème de la rou-

lette. Je ne sais plus en quel endroit j'ai lu l'histoire
d'un Anglais qui usait ainsi de la méditation comme
d'un remède spécifique d'un effet certain. Sa goutte
le prenait-elle, vite il commençait une partie d'échecs,
et le combat n'était pas bien engagé que son mal le
quittait aussitôt.

Bien plus, au lieu que la sensation altère l'image,
comme il advient le plus souvent, l'image peut au
contraire avoir assez de force pour altérer la sensation. C'est le singulier phénomène auquel Esquirol
a proposé de réserver spécialement le nom d'illusion.
Il ne s'agit pas ici, remarquons-le bien, d'hallucinations, encore moins de fausses interprétations des
données des sens. Dans l'illusion, la perception vient
après une sensation véritable et produite, comme à
l'ordinaire, par une cause extérieure, mais cette sensation ne provoque pas les idées qui ont accoutumé de
la suivre. Un malade regarde des nuages blancs qui
traversent le ciel, il est à croire que la lumière venue
de ces nuages fait sur sa rétine la même impression
que sur celle de toute autre personne ; mais, au lieu
que tout le monde voit des nuages, il voit, lui, une
légion d'anges volant dans l'azur. Il contemple avec

ravissement leurs robes de lumières et leurs grandes ailes blanches; il les compte, il suit leur vol majes-tueux. Que le ciel redevienne serein, la vision s'évanouit aussitôt, ce qui prouve qu'elle était bien déterminée par la sensation.

« L'illusion, dit fort ingénieusement le Dr Lasègue, est à l'hallucination ce que la médisance est à la calomnie. L'illusion s'appuie sur la réalité, mais elle brode; l'hallucination invente de toutes pièces, elle ne dit pas un mot de vrai. »

Bien que, pendant l'illusion, l'impression soit sans doute la même que dans les circonstances ordinaires, il est difficile de croire que la sensation résultante ne subisse aucune altération, et que le malade pèche seulement par inattention, précipitation ou ignorance, en interprétant mal des données d'ailleurs exactes. La constance de certaines illusions qui résistent pendant plusieurs années aux démentis répétés de l'expérience, exclut la supposition que ce puisse être de simples erreurs.

« Une mère dont la fortune s'était épuisée en vaines démarches pour soustraire son fils au service militaire, tombe dans une profonde mélancolie; jour

et nuit elle pleure, elle appelle son fils dont elle
ne reçoit plus de nouvelles ; l'égarement était à
son comble lorsqu'une idiote entre à l'hospice qu'elle
habitait ; à sa vue elle s'écrie : C'est mon Frédéric !
et dès ce moment elle cesse de se lamenter ; elle
recouvre sa santé physique et s'adonne au travail ;
elle prodigue pendant plusieurs années les soins les
plus touchants à cette fille qu'elle prend pour son
fils ; enfin, cette idiote ayant été atteinte de phthisie
pulmonaire, ces soins deviennent de tous les instants.
L'idiote succombe, et notre mélancolique se console
de la mort de ce fils imaginaire, mais en répétant
sans cesse qu'elle ne tardera pas à le rejoindre. En
dehors de cette idée, point d'autre aliénation mentale..... Qui croirait que dans un délire aussi restreint,
une illusion aussi complète et aussi étrange ait pu
durer plusieurs années sans interruption, et que les
impressions produites par le corps de l'idiote et le
souvenir de l'image si différente de Frédéric ne se
soient pas trouvés une seule fois en opposition pour
dissiper l'illusion de cette tendre mère (1) ? »

_____

(1) Falret : *Maladies mentales*, 215, 216.

Comment soutenir à cette pauvre femme qu'elle raisonne mal, qu'elle se hâte trop de conclure et qu'il ne faudrait qu'un peu d'attention pour dissiper son erreur? N'y a-t-il pas bien plus d'apparence qu'en pareil cas les sensations provoquées par des idées fixes et puissantes viennent se joindre aux sensations normales et les altèrent par le mélange, si bien que la conscience ne connaît, à vrai dire, ni la sensation excitée de dedans en dehors, ni la sensation venant en sens contraire, mais une résultante des deux? Il semble donc que l'on pourrait avec justesse définir l'illusion : une hallucination entée sur une perception véritable.

II.

Pour achever la revue des principaux phénomènes qui résultent du conflit des divers états de conscience autres que les simples sensations, il ne reste plus à considérer que les relations des images entre elles, et l'action qu'elles exercent l'une sur l'autre.

Il est aisé de voir d'abord que l'ensemble d'idées dont se compose une image se-subdivise en un cer-

tain nombre de groupes partiels qui constituent
autant d'images particulières. Les idées qui forment
ces groupes partiels ont plus d'affinité entre elles
qu'avec les autres idées de l'image totale. Les images
particulières, à leur tour, se décomposent en groupes
moins complexes et la même division peut être con-
tinuée jusqu'à ces éléments, qui paraissent simples à la
conscience et que nous avons nommés idées. Il y a
donc toujours plusieurs images enveloppées, emboîtées
pour ainsi dire dans une seule, sans cependant perdre
tout à fait leur individualité propre.

On comprend bien que ces images partielles n'ont
pas toutes la même importance ; elles se subordon-
nent hiérarchiquement, les plus compréhensives venant au premier rang, et la plus complexe de toutes
donnant son nom et son caractère à l'image tout
entière.

Les modifications qui surviennent dans un groupe
partiel n'altèrent gravement l'image totale que si le
nouveau groupe ne peut tenir la place de l'ancien ;
autrement, la substitution se fait aisément, comme
d'une pierre à une autre dans le même édifice. La
même idée ou le même ensemble d'idées peut donc,

grâce à ces substitutions successives qui la renouvellent et la rajeunissent, persister longtemps et tenir sous sa dépendance un grand nombre d'images qu'elle anime de son mouvement, qu'elle entraîne pour ainsi dire dans son tourbillon.

On sait ce que les littérateurs appellent le cycle troyen ou le cycle carlovingien ; c'est un ensemble de poëmes, d'ailleurs fort divers, mais qui tous, plus ou moins, parlent de Charlemagne ou du siége de Troie ; il semble qu'il y ait dans l'imagination des cycles semblables.

Un ami est mort me laissant bien des souvenirs et bien des regrets. Pendant quelques mois, son image revient sans cesse se mêler à toutes mes pensées. Je songe à un voyage que je ferai demain ; quel plaisir ç'aurait été de l'emmener avec moi ! Je regarde une belle campagne ; que ne peut-il l'admirer avec moi ! Je lis un bon livre ; s'il vivait, quel plaisir il aurait à le lire ! Je ris à la comédie ; comme il rirait s'il était là ! Un grand malheur me frappe ; que n'est-il là pour me consoler ! Cette image devient comme un centre autour duquel se groupent toutes les autres, jusqu'à ce que, la faiblesse humaine aidant, « la tristesse s'envole sur les ailes du temps », et que les idées se pressent autour d'un autre centre. Écoutons Montaigne, après qu'il eut perdu Étienne de la Boétie : « Depuis le jour que je le perdis, je ne foys que traisner languissant ; et les plaisirs mêmes qui s'offrent à moy, au lieu de me consoler, me redoublent le regret de sa perte : nous estions à moitié de tout ; il me semble que je lui desrobe sa part : j'étois déjà si faict et accoustumé à estre deuxième partout, qu'il me semble n'estre plus qu'à demy. »

Il est très-intéressant d'observer chez les enfants cette sorte de cristallisation de toutes les idées autour d'une idée dominante. On promet à un enfant quelque chose qu'il désire vivement, par exemple un fusil ; dès lors toutes ses idées viennent se ranger autour de cette espérance. Il est question d'une promenade dans la forêt : quel plaisir s'il avait son fusil ! Un oiseau passe : ah ! s'il avait son fusil ! On lui conte une histoire de voleurs : que n'était-il là avec son fusil ! Il lit un voyage au Brésil : l'auteur ne rencontre pas un animal quelconque, perroquet ou jaguar, que le petit lecteur ne songe à la joie qu'il aurait de l'abattre avec son fusil.

Qui voudra s'observer avec soin reconnaîtra sans peine qu'il est presque toujours dominé de cette façon par quelque idée maitresse. Le nombre des idées qui se succèdent ainsi dans tout le cours de la vie est bien moins grand qu'on ne le supposerait tout d'abord. Parfois, une pensée unique est comme l'âme d'une vie tout entière : conçue dès l'enfance, elle grandit pendant la jeunesse ; l'âge mûr consacre ses forces à la réaliser ; et la vieillesse se repose dans la joie de l'avoir achevée, ou s'éteint avec le regret de n'avoir pu l'accomplir. Quand une fois on a démêlé ce petit nombre d'idées qui dominent la vie d'un homme, toute la suite de sa conduite, son esprit et son caractère deviennent faciles à comprendre. C'est l'ensemble des idées de cette sorte communes à un peuple ou à un temps qui constituent comme la physionomie particulière de ce pays ou de ce temps ; et l'historien ou le critique n'ont rien fait, tant qu'ils ne les ont pas trouvées.

III.

Toutes les images qui surviennent ne sauraient pourtant trouver ainsi leur place et s'y tenir paisible-

ment. Il en est qui sont en contradiction trop for-
melle pour que la lutte puisse finir par une transaction.
Les images qui surviennent ne sont quelquefois
ni assez fortes pour chasser les pensées contraires,
ni non plus assez faibles pour que la conscience
les ignore. Le conflit peut alors se prolonger, et
chacun sait par sa propre expérience combien il est
pénible et fatigant. C'est proprement l'état de distraction ; l'esprit est tiré en tous sens, sans pouvoir
se reposer nulle part. On observe cela, par exemple,
lorsqu'après une lecture intéressante, on se livre à
quelque travail difficile. L'âme reste longtemps par-
tagée entre les souvenirs de la lecture qui arrivent en
foule, quelque effort que l'on fasse pour les écarter,
et les idées toutes différentes auxquelles on veut être
attentif; et cette sorte d'anxiété ne cesse pas avant
que l'une des deux séries d'idées ait pris définitive-
ment le dessus.

Une crainte instinctive nous éloigne de tout ce qui
peut amener un état si fâcheux. Quand on cherche
à retrouver quelque pensée intéressante, une conversation qui roule sur un sujet tout à fait différent est
particulièrement désagréable. Si c'est une mélodie qui

nous a charmés, et qu'au moment où nous nous croyons prêts à la ressaisir, un piano retentissant vienne à jouer un autre air dans l'appartement voisin, nous maudissons de très-bon cœur le malencontreux instrument. Nous ne voulons autour de nous que des spectacles en harmonie avec nos sentiments : nous sommes fâchés de voir, un jour de fête, le ciel morne et la nature désolée ; les couleurs sombres conviennent au deuil aussi bien que les mélodies graves et les visages sévères. Un trait d'esprit plaît mieux sur des lèvres spirituelles ; on est au contraire blessé de voir une figure intelligente à un sot ou une mine cauteleuse à un honnête homme. La figure prétentieuse d'un exécutant, ou la tournure bizarre et les replis tortueux d'un instrument suffisent à gâter le plaisir d'un beau concert. Telle particularité, en elle-même indifférente, produit ainsi par le contraste une irritation qui semble hors de toute proportion avec sa cause. C'est pour cela que la vue des visages joyeux augmente la tristesse, et que les malheureux voudraient que tout répondît à leurs plaintes.

« Dulce mœrenti populus dolentum,
« Dulce lamentis resonare gentes.

« Lentius luctus lacrimæque mordent,
    « Turba quas fletu simili frequentat.
    « Semper, ah ! semper dolor est malignus. »

(SÉNÈQUE.)

Le calme de la nature irrite la douleur au lieu de la calmer et semble insulter au deuil de l'homme. Ç'a toujours été pour les poëtes une source intarissable de beaux vers, que ce contraste de nos douleurs et de l'implacable sérénité des choses. L'homme cherche jusque dans les objets inanimés une sympathie qu'il se plaint de n'y pas rencontrer. Le printemps même, cette saison d'universelle allégresse, a trouvé des cœurs blessés pour le maudire : « Mon cœur se brise ; là-haut cependant le soleil salue en riant le mois de la volupté, le printemps est en fleur ; dans la verte forêt résonne le chant joyeux des oiseaux ; et fleurs et jeunes filles sourient d'un sourire virginal. O monde charmant, tu es hideux !

« Je serais vraiment tenté de louer l'Orcus ; là jamais de contraste impertinent qui nous mortifie ; pour les cœurs souffrants, la place est bien meilleure là-bas, au bord des eaux nocturnes du Styx ; son bruissement mélancolique, le cri rauque et désolé des Stymphalides, le chant des Furies si aigu, si strident, et au milieu de tout cela, les aboiements de Cerbère,

« Tout cela forme une lugubre harmonie avec le malheur et la tristesse ; dans les domaines maudits de Proserpine, tout cela est d'accord avec nos larmes.

« Mais ici, en haut, que le soleil et les roses me torturent cruellement ! le ciel se raille de moi, le bleu ciel, le ciel de mai. O monde charmant, tu es hideux ! » (H. Heine.)

Un des meilleurs préceptes à l'usage de celui qui veut vivre dans ce repos d'esprit si favorable à la sagesse aussi bien qu'au bonheur, sera donc de disposer sa vie avec art, de façon à éviter, dans les sentiments comme dans les pensées, les contrastes violents, les chocs soudains qui font perdre à l'âme son équilibre. Ce sera de savoir se reposer dans une idée, s'y complaire, et passer à la suivante non point par bonds, mais en quelque sorte d'une démarche régulière et par une pente douce et insensible.

Sans doute, il faut avoir la force de supporter au besoin la lutte pénible des idées ; il faut l'affronter même quand le devoir l'exige. La vie a, comme certains fleuves, ses rapides qu'il est impossible de franchir sans secousse, quelque désireux que l'on soit de s'abandonner mollement au fil de l'eau; mais du moins il faut tâcher d'éviter ces passes difficiles, et ne s'y engager que lorsqu'on ne peut suivre une autre voie.

C'est un art peu connu, encore moins pratiqué; aussi n'entend-on de tous côtés que gens se plaindre d'inquiétudes et de dégoûts qui viennent seulement de leur maladresse et de ce qu'ils vivent à l'aventure sans prendre soin d'ajuster les circonstances à leurs pensées, ou, ce qui est quelquefois plus court, leurs pensées aux circonstances.

Vous êtes à la campagne; il pleut, le ciel est bas et sombre, les chemins impraticables; vous demandez au premier livre venu un remède contre l'ennui. C'est un poëme pastoral : on y lit à chaque page de longues promenades à travers les forêts et les prairies, des diners sur l'herbe verte auprès d'une fontaine, peut-être, si l'ouvrage est écrit dans le goût ancien, des bergers jouant du chalumeau sous un hêtre; tout conspire à réveiller mal à propos le goût des plaisirs champêtres : ce ne sont qu'abeilles qui bourdonnent, zéphyrs qui murmurent, rossignols qui chantent. Vous vous laissez doucement bercer au charme de la lecture. Imprudent! ne sentez-vous pas que plus vous songerez aux plaisirs dont vous êtes privé, plus aussi s'accroîtra votre dépit. Prenez plutôt, si vous êtes sage, prenez quelque traité de morale, ou bien quelque méditation sur la nécessité où nous sommes tous de mourir; outre que c'est une lecture profitable et d'un grand usage pour modérer les passions, vous y trouverez encore cet avantage qu'elle ne vous inspirera pas à contre-temps le goût de la promenade. Sachez surmonter quelque léger ennui qui vous préservera de sentir à chaque instant l'affront que vous fait le mauvais temps, et cette dépendance fâcheuse où vous êtes du soleil et des nuages.

Les lecteurs délicats font mille remarques pareilles ou plus subtiles encore, et sur ces remarques fondent des maximes tendant à éviter les tristes effets du conflit d'images contraires. Tous, par exemple, sont d'accord qu'il y a entre le sujet d'un livre et la forme extérieure, le papier, le caractère, des convenances secrètes que l'on ne saurait méconnaitre sans blesser d'abord les gens de goût; imaginez s'il se peut un Gresset in-folio avec tranches rouges et fermoir en cuivre, ou bien un saint Thomas en petits volumes tout reluisants et tout coquets de leur vêtement jaune clair et de leur format Charpentier.

IV.

Si pénible que soit le conflit des images, il a pourtant des effets salutaires, et c'est le prix dont on paie la liberté de l'esprit. Nous ne gardons en effet notre empire sur nous-mêmes qu'en fortifiant sans cesse les images les plus faibles pour les opposer aux plus puissantes dont la tyrannie commence à se faire sentir. Nous maintenons ainsi dans l'imagination une salutaire anarchie, nous divisons pour régner. Parfois aussi cet empire nous échappe; entretenue, fomentée par des causes inconnues, quelquefois organiques, une image revient sans cesse et toujours plus forte. C'est ce que l'on remarque surtout dans la période d'incubation qui, souvent, précède la folie. Bientôt l'idée triomphe de toutes les résistances, asservit l'âme et la gouverne en maitresse impérieuse. Le malade cependant se débat quelque temps encore sous cette puissante étreinte; on dirait qu'il se roidit contre la folie. Il abandonne successivement plusieurs chimères trop absurdes ; une se présente enfin, mieux appropriée aux dispositions générales de· ses organes et à l'état de son intelligence ; il l'adopte, fatigué qu'il est d'opposer une résistance inutile,

« Non aliter quam, qui adverso vix flumine lembum
« Remigiis subigit, si bracchia forte, remisit,
« Atque illum in præceps prono rapit alveus amni. »

Dès lors, c'en est fait, toutes les idées qui contrariaient cette image maitresse disparaissent et font place à d'autres qui la fortifient. Le malade n'use plus de sa raison que pour mieux s'affermir dans la folie. Il s'ingénie à trouver toutes sortes de motifs pour rendre son idée plausible à lui-même et aux autres. Il invente pour cela des histoires fantastiques, et se forme peu à peu un système complet d'idées étroitement associées, capables de repousser toute image nouvelle qui viendrait les contrarier. Dès que ce travail d'organisation est achevé, il faut désespérer de la guérison. Peu à peu toute activité intellectuelle disparait, l'aliéné ne fait plus que répéter les mêmes idées en se servant des mêmes expressions ; il ne se dément plus, c'est un véritable automate que le même poids entraine sans cesse et fait tourner dans le même sens.

Les événements les plus extraordinaires, les spectacles les plus saisissants ne sauraient plus troubler sa funeste sérénité. Le fou ne les voit pas ou n'en tient pas compte, ou bien il les dénature pour les ajuster à son délire. Un incendie, une bataille, un bombardement n'ont rien qui l'étonne. Il est comme le juste d'Horace que la chute d'un monde ne saurait ébranler. Le docteur Drouet a été frappé, durant le dernier siége de Paris, de l'étrange indifférence des aliénés de l'asile de Vaucluse. Beaucoup prétendaient que tout ce qu'ils voyaient n'était qu'un vain prétexte pour les retenir captifs, une comédie assez maladroitement jouée ; plusieurs s'évadèrent et furent ramenés par les Prussiens, sans pour cela renoncer à leur illusion. Le docteur Foville a constaté la même impassibilité chez les aliénés de Charenton. « La vaste étendue de campagne qui se déroule sous les yeux des aliénés présentait le spectacle militaire le plus varié et le plus émouvant. Une partie notable des faits de guerre qui se succédaient au sud de Paris était accessible à leurs regards. Trois forts, plusieurs redoutes, les batteries échelonnées, ne pouvaient pas tirer un coup de canon sans que la vue et l'ouïe fussent également impressionnées. Les combats de Villejuif, de Choisy, de Rond-Pompadour, de Creteil, se livraient en partie sous leurs yeux, et c'était dans toutes ces directions un va-et-vient continuel de troupes, d'artillerie, de convois, d'ambulances et de munitions ; le pays était rempli de soldats. Certains des pensionnaires de la maison suivaient avec intérêt les scènes successives de ce drame émouvant, mais leur nombre était restreint à un degré qui renouvelait chaque jour ma surprise. A part ces exceptions, les malades restaient indifférents, complétement étrangers à ce qui arrivait auprès d'eux ; trop émoussés dans leur sensibilité, ou trop absorbés dans la contemplation intérieure de leur délire, ils ne prenaient aucune part aux événements extérieurs. D'autres, et ce sont ceux dont l'observation a été pour moi l'objet de l'étonnement le plus grand, étaient bien en état de comprendre les événements, mais jamais ils n'en ont reconnu la nature véritable, jamais ils n'ont cru à la réalité de la guerre. Ils voyaient, ils entendaient tout ; mais inter-

prêtant tout dans le sens de leurs conceptions déli-
rantes, ils niaient qu'il y eût là rien de sérieux et sou-
tenaient que l'on faisait tout cela pour les tromper.
Quant à l'explication, elle variait avec le délire de chacun. X... nous répétait tous les jours que cette prétendue guerre n'était qu'une comédie dont toutes les
scènes avaient été réglées d'avance entre la Prusse et
le gouvernement français. La preuve, c'est que toutes
les armes, fusils et canons, n'avaient jamais été chargées qu'à poudre. Tout ce que l'on disait du nombre
des morts, des blessés, n'était qu'une pure invention.
Si par hasard une balle avait été lancée, c'est que
quelque malfaiteur l'avait frauduleusement glissée
dans son fusil. Mais à coup sûr il n'y a pas eu un seul
canon chargé à boulet : du bruit et rien de plus. Bien
des gens, sans doute, étaient pris à cette comédie,
mais lui, X..., n'était pas de ceux-là ; inutile de
vouloir le tromper à cet égard, il savait à quoi s'en
tenir (1). »

(1) *Annales médico-psychologiques.* Janvier 1872, page 83.

CHAPITRE VIII

I. Association des idées. Les conditions organiques du phé-. nomène nous sont inconnues. — II. Points de vue divers auxquels on peut se placer pour étudier l'association des idées. — III. Conditions subjectives. — IV. Conditions objectives. — V. Association entre images successives. Loi de ces associations.

I.

L'âme est une, et par cela même, bien que l'abstraction et l'analyse puissent démêler dans un état d'esprit beaucoup de sensations et d'idées élémentaires, ces sensations et ces idées se composent à chaque instant en une résultante unique, et ne font qu'un seul tout au regard de la conscience. Or, il ne faut que s'observer un peu pour reconnaître que tous les éléments d'une image, d'une perception ou d'un état de conscience quelconque, s'entretiennent par un lien très-subtil et pourtant très-résistant. Il suffit qu'ils soient une fois présents ensemble pour con-

tracter dès lors une certaine affinité. De ce moment-
là, ils ne redeviendront jamais absolument étrangers
l'un à l'autre ; et si, par une cause quelconque, un
de ces éléments vient à reparaitre, il attirera les autres
à sa suite et reformera le groupe tout entier ; telle est
la loi connue sous le nom d'association des idées.

Ce n'est pas que les sensations ne s'associent aussi
bien que les idées, mais comme il est rare qu'elles
renaissent spontanément, cette association ne se
remarque guère qu'entre les idées qui en sont la reproduction affaiblie.

Qu'il y ait entre les idées de telles associations,
c'est un fait d'expérience vulgaire. La surprise que
cause toujours un coq-à-l'âne vient sans doute de ce
que la loi la plus essentielle de l'esprit y semble vio-
lée. Dugald Stewart remarque fort justement qu'une
foule de maximes de prudence et de convenance ont
été dictées par la connaissance plus ou moins réfléchie de cette loi ; quand on prescrit par exemple
d'éviter en conversation toute expression, tout sujet
même qui peut avoir un rapport prochain ou éloigné
avec des objets ou événements désagréables, on suppose évidemment qu'il y a entre les pensées certaines

attaches qui déterminent l'ordre dans lequel elles se succèdent ; et c'est pour cela qu'on dit en commun proverbe, qu'il ne faut point parler de corde dans la maison d'un pendu.

Comme les faits de conscience sont plus ou moins liés à des antécédents organiques, il parait hors de doute que les uniformités de succession constatées par l'observation intérieure entre les idées supposent des uniformités de succession correspondantes entre les états nerveux qui en sont la condition. Mais il s'en faut bien que, dans cette étude, les physiologistes aient marché du même pas que les psychologues. Les lois de l'association des idées sont peut-être ce qu'il y a de mieux établi dans toute la science de l'âme, au lieu que l'étude des mouvements du cerveau et du mode suivant lequel un état nerveux appelle le suivant, n'est pas même commencée.

A la vérité, un physiologiste éminent, Schiff, a fait voir par une suite d'expériences ingénieuses que l'ébranlement produit par une sensation en un endroit déterminé du cerveau (ébranlement que l'on reconnait à une élévation locale de température) gagne peu à peu toute la couche corticale des lobes cérébraux (1). Mais il ne semble point que l'on puisse déduire de là une loi quelconque de l'association, et d'ailleurs qui saura jamais si cet ébranlement successif n'est pas lui-même l'effet de l'association et des modifications organiques qu'elle entraine, bien loin d'en être la cause.

La loi de l'association semble commune à tous les phénomènes vitaux. Elle s'applique aux mouvements aussi bien qu'aux idées ; par cela seul, en effet, que des mouvements se produisent suivant un certain ordre, ils contractent une tendance à se répéter toujours de même, ce qui permet d'accomplir des actes très-compliqués avec la sûreté et l'aisance qui caractérisent les mouvements instinctifs. Le mouvement musculaire nécessaire pour faire un pas est si bien associé au mouvement nécessaire pour en faire un second que l'un entraine presque infailliblement l'autre ; une fois commencée, la marche continue sans que l'on ait besoin d'y prendre garde. On sait quelle sûreté de main un musicien acquiert à force de jouer

_____

(1) Voir Schiff : *Recherches sur l'échauffement des nerfs et des centres nerveux*, Archives de physiologie normale et pathologique, 1869-1870 ; et aussi Luys : *Revue scientifique*, 13 mars 1875.

d'un instrument. Qu'un dessinateur habile prenne un crayon et trace machinalement quelques traits, l'association des mouvements lui fera achever le dessin sans qu'il le veuille et en songeant à toute autre chose. Les mouvements par lesquels l'enfant suce le lait de sa nourrice ne semblent pas plus instinctifs que les mouvements qu'il faut faire pour prendre les aliments avec la fourchette et les porter à la bouche ; les deux opérations se font avec la même sûreté ; et cependant la seconde ne devient ainsi naturelle et infaillible qu'après un assez long exercice ; les petits enfants s'en tirent d'abord avec beaucoup de peine et un médiocre succès, si bien qu'ils ne peuvent concevoir pourquoi les hommes se sont imposé une gêne inutile ; puis, avec le temps, ils font mieux, et bientôt l'acte devient si facile qu'ils oublient la peine qu'ils ont prise d'abord pour le mener à bonne fin.

II.

On peut se placer à deux points de vue pour étudier l'association des idées : on peut en effet rechercher les conditions mentales du phénomène, ou bien la disposition des choses extérieures la plus propre à faire que les idées de ces choses se rencontrent justement en de telles conditions. Si je dis que deux idées relatives, telles que père et fils, grand et petit, ne sauraient être pensées l'une sans l'autre, et, par suite sont associées aussi étroitement que possible, j'énonce une des conditions mentales de l'association des idées ; si j'ajoute que la contiguïté dans l'espace est aussi une cause d'association, on voit bien que je signale seulement une des circonstances qui font que l'on pense deux choses à la fois.

Il y a donc des causes subjectives et des conditions objectives de l'association des idées, et l'on ne saurait sans inconvénient les étudier ensemble ; aussi ne doit-on pas accepter sans réserve la classification commune qui les réunit dans une seule liste : la ressemblance, le contraste, la contiguïté dans le temps ou dans l'espace, le rapport du signe à la chose, de la cause à l'effet, du moyen à la fin. Il est certain, par exemple, qu'il n'y a point de contraste entre les objets, mais seulement entre les idées, tandis que la contiguïté des choses dans l'espace ne dépend en aucune façon de notre manière de les concevoir. Ce n'est pas là un rapport entre les idées, mais bien entre les objets des idées.

Il convient évidemment de commencer par l'étude des causes subjectives, puisque les autres n'agissent qu'indirectement et par l'intermédiaire de celles-là, et que leur rôle se borne à donner aux causes subjectives l'occasion d'entrer en jeu ; par exemple, la contiguïté des objets dans l'espace favorise l'association de leurs idées dans l'esprit parce qu'il est aisé, lorsque des choses sont voisines, de les voir ou de les toucher immédiatement l'une après l'autre. De cette façon, l'idée de la première n'ayant pas encore eu le temps de s'effacer au moment où l'idée de la seconde survient, ces deux idées occupent ensemble l'esprit au moins pendant quelques instants. Ce sont là des choses si simples que j'aurais honte d'y insister plus longtemps.

III.

Toutes les conditions subjectives de l'association des idées peuvent se ramener à une seule, qui est

leur présence simultanée dans l'esprit. Pour que deux
idées soient associées, il faut et il suffit qu'elles aient
été, à un moment donné, comprises dans un concept
unique, enveloppées pour ainsi dire dans un seul acte
de connaissance. On peut tirer immédiatement de
cette loi les conséquences suivantes, que l'expérience
vient du reste confirmer :

1º *Lorsque deux sensations ou un plus grand nombre
ont été éprouvées simultanément, les idées de ces sensa-
-tions demeurent associées.*

De là tant d'associations bizarres où l'on cherche
en vain le nœud secret qui tient les parties assemblées.
Pendant que je regarde attentivement un tableau,
voici qu'un clairon sonne dans la rue. Je prends peu
garde à ce bruit ; dans une heure on me demanderait
si je l'ai entendu, je serais fort empêché de répondre.
L'idée du clairon ne laisse pourtant pas de demeurer
associée à celle du tableau, et si, au bout d'un an,
l'une vient à rappeler l'autre, si dans le temps que je
prends plaisir à voir défiler un régiment, je me sur-
prends à penser à un paysage italien ou hollandais,
j'admirerai les capricieuses démarches de l'imagination, et, pourvu que je sois le moins du monde phi-

losophe, je songerai peut-être à tirer de là un argument pour prouver que deux idées se succèdent quelquefois sans avoir été précédemment associées.

C'est par une association de cette sorte, résultant de sensations simultanées, que se forment les idées des objets extérieurs, c'est-à-dire certains groupes d'idées dans un état particulier de combinaison, groupes si cohérents qu'ils paraissent simples, et qu'il faut une analyse attentive pour se convaincre de leur complexité. « L'idée d'une orange, dit Locke, se compose de certaines sensations et, par suite, de certaines idées simples de couleur, de forme visible et tangible, de goût, d'odeur, de consistance, de poids, etc.; et cependant une orange, dans notre manière habituelle de sentir et de concevoir, n'est qu'une idée simple et non une réunion d'idées; ce qui montre que, si plusieurs sensations différentes ont été souvent éprouvées en même temps ou dans une succession très-rapide, non-seulement les idées de ces sensations s'excitent les unes les autres, mais qu'elles le font d'une manière tellement instantanée et certaine, qu'elles semblent se fondre en une seule. »

2° *Lorsque des sensations se présentent en même temps*

que des idées; ces idées demeurent associées aux sensa-
tions ou aux idées qui reproduisent les sensations.

L'association se forme, alors même que la rencontre est toute fortuite; par exemple, je médite sur la meilleure forme de gouvernement, et cependant mes yeux se fixent par hasard sur une fleur ou sur un insecte : l'année d'après, il m'arrivera de cueillir une rose et, sans autre transition, de me mettre à peser les avantages et les inconvénients de la monarchie et de la république.

Les sensations musculaires qui accompagnent les mouvements peuvent, aussi bien que les autres, s'associer aux idées; ainsi une marche rapide suggérera les idées qui occupaient l'esprit la dernière fois que l'on a marché de ce pas. On voit assez quel trouble de telles associations jettent dans l'esprit, et combien les idées qui se suivent de cette façon doivent sembler incohérentes.

L'association se forme aussi avec les sensations organiques, telles que la faim, la soif, la migraine, etc. Un malade tourmenté par la soif revoit dans son délire, avec une reconnaissance mêlée de regret, tous les ruisseaux, toutes les fontaines où il s'est désaltéré, et si, rendu à la santé, il revient un jour s'y rafraîchir, sa joie s'accroîtra encore du souvenir des maux passés.

Les liens les plus étroits unissent les sensations aux idées qui les accompagnent dans la même perception ; cependant la perception fortifie cette association plus qu'elle ne la crée. Il faut, en effet, pour qu'une sensation excite certaines idées, qu'elle leur soit déjà unie par une association préalable due à d'autres causes.

3° *Les idées demeurent associées lorsqu'elles ont été ensemble présentes à l'esprit.*

C'est ce que l'on remarque en particulier pour les idées qui ont fait partie d'une même perception, et l'on a vu que les images se forment et se conservent de cette façon.

L'association est encore plus forte entre les idées relatives, c'est-à-dire accouplées, de telle sorte que l'une suppose implicitement la présence de l'autre. L'on tâcherait en vain de penser à quelque chose de grand sans penser en même temps à quelque chose de plus petit, ou de concevoir l'irrégulier sans le régulier, le gauche sans le droit, le haut sans le bas, le sec sans l'humide, l'imparfait sans le parfait, le relatif sans l'absolu, le fini sans l'infini. Ce n'est pas que les termes de quelques-unes de ces oppositions, considérés en eux-mêmes et objectivement, ne puissent exister l'un sans l'autre; le parfait peut assurément être sans l'imparfait, l'infini sans le fini, l'absolu sans le relatif; mais la constitution de l'esprit s'oppose à ce que l'on conçoive les idées de ces choses autrement que jointes deux à deux.

C'est sur l'union intime des idées relatives qu'est fondé cet artifice de rhétorique qui consiste à caractériser une chose par l'énumération des qualités qu'elle n'a pas. On décrira une montagne en disant qu'elle n'est ni escarpée ni sauvage, que le sommet n'est pas couvert de neige, ni les flancs de forêts, qu'elle n'est cependant pas fertile en pâturages, etc.

Bossuet veut peindre le courage avec lequel la duchesse d'Orléans vit venir la mort. « Son grand cœur, dit-il, ni ne s'aigrit, ni ne s'emporte contre elle. Elle ne la brave non plus avec fierté, contente de l'envisager sans émotion et de la recevoir sans trouble. » Il serait aisé de multiplier les exemples.

L'association des idées entre elles, comme aussi

celle des idées avec les sensations, est d'autant plus parfaite qu'elles ont été plus souvent présentes ensemble. Ainsi l'habitude de traduire du latin en français et du français en latin fait contracter aux mots des deux langues une telle adhérence que les uns suggèrent aussitôt les autres, et que le travail de la traduction devient de jour en jour plus facile.

L'adhérence peut même devenir si forte qu'il ne dépend plus de nous de la vaincre. Les psychologues anglais contemporains ont étudié avec beaucoup de soin ces sortes d'associations auxquelles même ils ont cru pouvoir ramener les vérités que d'autres philosophes attribuent à la raison.

Le lecteur ne s'attend point sans doute à me voir ici développer et examiner la thèse associationniste avec l'attention qu'elle mérite, mais il aurait peut-être le droit de s'étonner un peu si, dans un chapitre traitant de l'association des idées, j'avais l'air d'oublier ou de dédaigner la grande école philosophique qui prétend y trouver la loi suprême de l'esprit et l'explication dernière de toutes ses démarches. On doit ce respect à une doctrine sérieuse et sincère d'expli-

quer au moins en passant les principales raisons qui
empêchent de l'accepter. .

. La doctrine associationniste repose sur une observation psychologique à peu près incontestable. « Il y
a, dit James Mill, des idées qui, par la fréquence ou
la force de l'association, sont si étroitement combi-
nées qu'elles ne peuvent plus être séparées. Si l'une
existe, les autres existent à côté d'elle, en dépit des
efforts qu'on peut faire pour les séparer.

. « Par exemple, il n'est pas en notre pouvoir de penser l'étendue ou la solidité sans la figure ; nous avons
constamment vu la couleur combinée avec l'étendue,
répandue pour ainsi dire sur une surface, nous ne
l'avons jamais vue que dans ce rapport constant. La
couleur et l'étendue ont toujours été invariablement
unies. Par conséquent, l'idée de couleur pénètre constamment dans l'esprit associée à celle d'étendue, et
l'association est si intime qu'il n'est pas en notre
pouvoir de la dissoudre ; nous ne pouvons pas,
quand même nous le voudrions, penser une couleur
autrement qu'en combinaison avec l'étendue. Une
idée évoque l'autre et la retient avec elle tout le
temps qu'elle est présente à l'esprit.

«La connexion entre les idées de solidité et de figure nous fournit un autre exemple aussi saisissant de cette grande loi de notre nature. Nous n'avons jamais les sensations desquelles l'idée de solidité découle qu'en conjonction avec les sensations desquelles l'idée de figure découle. Si nous saisissons quelque chose de solide, nous le trouvons toujours rond ou carré ou de quelque autre figure. Les idées correspondent à leurs sensations ; si l'idée de solidité prend naissance, celle de figure nait à côté d'elle. L'idée de figure qui se forme est naturellement plus vague que celle d'étendue, parce que les figures étant innombrables, l'idée générale est excessivement complexe et, par suite, excessivement vague ; mais, telle qu'elle est, l'idée de figure est toujours présente quand celle de solidité l'est, et aucun effort ne peut nous faire penser l'une sans l'autre (1). »

La répétition simultanée de deux idées finit donc par rendre la séparation de ces deux idées impossible.

Or, qu'est-ce au fond que le sentiment de la né-cessité, sinon cette impossibilité absolue de concevoir

_____

(1) Stuart Mill : *Examen de la philosophie de Hamilton*, ch. XIV.

deux idées l'une sans l'autre ? Regardez-y bien ; qu'est-ce que la prétendue idée rationnelle de l'espace ? Rien plus que l'impossibilité de penser à un corps sans penser en même temps à un lieu qui le contienne ; et si vous concevez cet espace comme infini, cela ne vient-il pas de ce que vous n'en pouvez penser la limite sans concevoir aussitôt un autre espace au delà ? Le principe de causalité, qu'est-ce autre chose que l'impossibilité de penser un phénomène sans un autre qui le précède toujours et sans condition. Soumettez à la même analyse les autres principes rationnels, l'idée de temps, les vérités mathématiques, les vérités morales, vous verrez que ce qui les constitue véritablement c'est une répugnance invincible de l'esprit à concevoir séparément les éléments dont ils se composent.

Or, puisqu'une association constante et invariable suffit à expliquer une semblable répugnance, pourquoi vouloir, contre le bon sens et la logique, attribuer ces idées nécessaires à une faculté distincte de l'expérience ? Pourquoi méconnaitre le sage précepte des scholastiques et multiplier les êtres sans nécessité ? Serait-ce parce que ces idées s'imposent à l'esprit

avec une telle force, qu'il est impossible de concevoir
l'idée contraire? Mais, n'est-ce donc pas le caractère
de toute association constante, qu'il n'est plus en
notre pouvoir de la dissoudre? De plus, quelle expérience pourrait nous suggérer l'idée opposée; sur quel
type, sur quel modèle pourrions-nous la concevoir?
Tous les hommes, dites-vous, différents d'opinion
sur tout le reste, s'accordent à reconnaitre la nécessité de ces idées, et par là demeurent tous participants
de la même raison; mais cet accord, en apparence
merveilleux, n'a rien qui doive nous surprendre; la
réflexion fait évanouir le prodige, et il ne faut pas
plus s'étonner de voir tous les esprits frappés des
mêmes expériences en recevoir la même empreinte,
que de trouver semblables toutes les médailles frap-
pées du même balancier. Que si, après toutes ces
explications, vous persistez à reconnaitre aux idées
dont il s'agit une évidence supérieure, si vous dites
que ce sont elles que l'on voit briller les premières à
l'aube de l'intelligence, et qu'elles resplendissent dès
lors d'un éclat auquel les expériences nouvelles ne
sauraient plus rien ajouter, il se trouvera des associationnistes accommodants et subtils qui conviendront

de toutes ces choses et leur feront une place dans leur doctrine. Ils diront, si vous voulez, « que s'en tenir à l'assertion inacceptable que, antérieurement à l'expérience, l'esprit est une table rase, c'est ne pas voir le fond même de la question à savoir : D'où vient la faculté d'organiser les expériences (1) ? »

Ils ajouteront que « si, à la naissance, il n'existe rien qu'une réceptivité passive d'impressions, un cheval pourrait recevoir la même éducation qu'un homme (2). » Ils conviendront que l'esprit dégage certaines vérités des premières expériences, non par une induction lente et successive, mais d'un seul coup, comme si, dès la naissance, elles étaient en nous à l'état de tendances, de puissances prêtes à passer à l'acte à la première occasion. Mais c'est ici que la doctrine de l'hérédité vient compléter fort heureusement la doctrine de l'association ; ces tendances que nous apportons en naissant sont notre héritage intellectuel, le patrimoine sans cesse accru que nous ont laissé nos pères et que nous transmettrons à nos

---

(1) H. Spencer : *Synthèse spéciale,* ch. VII.
(2) H. Spencer : *Synthèse spéciale,* ch. VII.

descendants; c'est le trésor des expériences lente-
ment accumulées des générations précédentes qui, à
la longue, ont façonné l'esprit humain d'abord indifférent à toute forme, à toute détermination, et créé
peu à peu dans le cerveau des dispositions organiques
correspondant à ces tendances nouvelles; de sorte
qu'il est vrai de dire que certaines idées viennent de
la raison, pourvu que l'on entende ce mot comme il
faut et que l'on n'aille point s'imaginer que l'homme
ait reçu au commencement une lumière pour se
conduire au milieu de l'obscurité des phénomènes,
des semences de vérité qui n'attendent qu'une occasion favorable pour germer.

Si l'on voulait combattre un système si bien lié
dans toutes ses parties, il faudrait, dit Stuart Mill,
montrer que des associations aussi fréquentes et uni-
formes que celles qui, d'après la doctrine associationniste, produisent le sentiment de la nécessité, ne
font pourtant croire qu'à une relation tout accidentelle et contingente entre les idées ainsi associées.
Stuart Mill passe donc en revue les principaux exemples que l'on allègue d'ordinaire de ces associations
prétendues constantes, qui ne donnent pourtant pas

naissance à des idées nécessaires, et il montre qu'il y manque quelqu'une des conditions indispensables pour créer une association vraiment inséparable; il semble difficile de rien opposer à son argumentation victorieuse. « Voici dit-il, le premier exemple que donne M. Mansel : Je peux imaginer que le soleil se lève et se couche comme aujourd'hui, pendant cent ans, et qu'ensuite il reste continuellement fixe dans le méridien. Pourtant mon expérience de la succession du jour et de la nuit est au moins aussi invariable que celle des propriétés géométriques des corps. Je peux imaginer que la même pierre s'enfonce quatre-vingt-dix-neuf fois dans l'eau et qu'elle surnage la centième, mais mon expérience répète invariablement le premier phénomène, et celui-là seul. »

L'alternative du jour et de la nuit est constante dans notre expérience; mais le phénomène jour est-il si intimement uni dans notre expérience avec le phénomène nuit, que nous ne percevions jamais l'un sans percevoir l'autre au même instant ou l'instant d'après ? C'est la condition qu'on retrouve dans toutes les associations inséparables qui produisent des nécessités de pensée. Les successions constantes dans lesquelles les phénomènes se présentent l'un après l'autre, mais seulement après un certain intervalle, ne donnent pas naissance à des associations inséparables. Pour créer une association inséparable, il faut des conditions mentales aussi bien que des conditions physiques. Prenons l'autre exemple de M. Mansel, une pierre qui s'enfonce dans l'eau. Nous ne l'avons jamais vue surnager, et pourtant rien ne nous empêche de concevoir qu'elle surnage. Et d'abord, nous n'avons pas vu, dès l'aube de la conscience et presque à chaque instant de notre vie, des pierres s'enfoncer dans l'eau, comme nous avons vu deux et deux faire quatre, deux lignes qui se coupent diverger au lieu d'enclore un espace, des causes suivies d'effets, et des effets précédés par des causes. Mais il y a encore une différence plus radicale. La conjonction présente de deux phénomènes ne crée pas entre eux une association inséparable, si pendant tout ce temps il se crée des associations contradictoires. Personne ne suppose que si nous avions vu quelquefois des pierres surnager aussi bien que s'enfoncer, bien que nous les eussions souvent vues s'enfoncer, il se fût formé une association inséparable entre elles et la submersion. Nous n'avons pas vu une pierre surnager, mais nous avons l'habitude constante de voir des pierres ou d'autres corps qui ont la même tendance à s'enfoncer rester dans une position qu'ils abandonneraient s'ils n'y étaient maintenus par une force invisible. La submersion d'une pierre n'est qu'un fait de gravitation, et nous sommes très-bien accoutumés à voir la force de la gravitation contre-balancée. Tous les faits de cette nature, que nous avons vu et entendu rapporter, sont *pro tanto* des obstacles à la formation de l'association inséparable qui nous empêcherait de concevoir une violation de la loi de la pesanteur. La ressemblance est un principe d'association aussi bien que la contiguïté, et quelque contradictoire qu'une supposition puisse être à notre expérience *in hâc materiâ,* si notre expérience *in aliâ materiâ* nous offre des types présentant une ressemblance, éloignée même, avec le prétendu phénomène, tel qu'il serait s'il était réalisé, les associations formées sous l'influence de ces types empêcheront en général les associations spécifiques de prendre une intensité et une force assez irrésistibles pour que notre imagination ne puisse plus se figurer la suppo-

sition sous une forme calquée sur l'un ou l'autre de
ces types (1).

_____

(1) Stuart Mill : *Examen de la philosophie d'Hamilton*, ch. XIV.
M. Mansel ajoute : « L'expérience m'a constamment présenté le corps d'un cheval uni à une tête de cheval, et une
tête d'homme sur un corps d'homme ; de même que l'expérience m'a constamment présenté un espace enfermé dans
deux lignes courbes et non dans deux lignes droites. Néan-
moins, je n'ai pas de peine à me figurer un centaure, mais je
ne puis imaginer un espace enclos dans deux lignes droites.
Pourquoi, dans le premier cas, considéré-je les résultats de
mon expérience comme seulement accidentels et susceptibles
d'infraction, bornés aux phénomènes actuels d'un théâtre restreint, et ne possédant pas de valeur hors de ce théâtre ; tandis
que dans le dernier je suis contraint de les regarder comme
universels et nécessaires ? Pourquoi puis-je, par l'imagination,
donner au corps d'un quadrupède une qualité qui, d'après l'expérience, n'appartient qu'à celui des bipèdes ? Et pourquoi ne
puis-je pas de la même manière investir les lignes droites d'un
attribut qui, d'après l'expérience constante, appartient aux
lignes courbes ? »
Je réponds : Parce que notre expérience présente mille
modèles sur lesquels nous pouvons former la conception d'un
centaure, et pas un seul sur lequel nous puissions ébaucher
celle de deux lignes droites enfermant un espace. La nature,
telle que l'expérience nous la montre, a des lois immuables,
mais aussi des combinaisons variées. La combinaison du corps
d'un cheval avec une tête d'homme n'a rien, *prima facie,* qui
la sépare largement des variétés sans nombre que nous offre là

La loyauté prescrit à qui veut combattre une doctrine, de faire de son mieux pour la présenter d'abord
avec toutes les raisons qui peuvent la faire paraître
plausible, et je ne crains point que l'on m'accuse
d'avoir manqué à ce devoir de justice. Mais il me
semble que les associationnistes se donnent vraiment
trop beau jeu en posant la question comme ils font.
Ils choisissent fort habilement leur champ de bataille,

---

nature vivante. Pour un homme du monde, sinon même pour
un savant, ce fait ne sort pas des limites des variations de
notre expérience. Toutes les variations analogues que nous
avons vu ou entendu rapporter sont autant de faits qui nous
aident à concevoir celle-ci ; et toutes tendent à former une
association, non pas de fixité, mais de variabilité, qui fait
échouer la formation d'une association inséparable entre une
tête humaine et un corps humain à l'exclusion des autres.
Nous connaissons tant de têtes différentes unies à tant de corps
différents, que nous n'avons pas beaucoup de peine à imaginer
la combinaison d'une de ces têtes avec un de ces corps. Bien
plus, la mobilité des objets dans l'espace est un fait si universel dans notre expérience, que nous concevons aisément qu'un
objet quelconque prenne la place d'un autre ; nous imaginons
sans peine un cheval dont la tête a été enlevée et remplacée
par celle d'un homme. Mais quel modèle notre expérience
nous offre-t-elle pour ébaucher, ou bien quels éléments pour
construire la conception de deux lignes droites enfermant un
espace ?

et se ménagent une victoire facile sur l'imprudent qui les y suivra. Les conditions psychologiques d'une association indissoluble sont en effet si nombreuses et si mal définies, que l'on peut toujours prétendre qu'il en manque quelqu'une tout à fait indispensable. Stuart Mill use en habile homme de cette tactique dans le combat qu'il livre à M. Mansel. A chaque exemple nouveau que celui-ci apporte, Stuart Mill oppose adroitement une nouvelle condition à laquelle l'exemple ne satisfait point. Pour lutter contre lui avec quelque avantage, il faudrait le contraindre d'abord à dresser une liste limitative des conditions nécessaires et suffisantes pour former une association indissoluble, et qu'il s'interdît d'ajouter à cette liste d'autres conditions à mesure que d'autres exemples les requièrent.

D'ailleurs, il n'est pas nécessaire d'accepter le combat dans des conditions si défavorables, et j'espère montrer qu'il reste à l'école associationniste plus d'une difficulté à vaincre, avant de faire accepter de tous son explication des vérités rationnelles.

Écartons tout d'abord du débat la question de l'hérédité, qui, loin de l'éclairer, l'embrouille et le com-

plique inutilement. L'hérédité en effet ne crée rien,
et si elle explique quelque chose, c'est la transmission
d'une certaine qualité, d'une certaine tendance, mais
point du tout la formation de cette qualité, de cette
tendance. Voici un homme qui a de grands biens,
comment les a-t-il acquis? — C'est, me dites-vous,
ce qu'il a reçu de son père. — Mais son père lui-
même, comment s'est-il enrichi? — Il a hérité de ses
ancêtres. — Je vous entends, mais ses ancêtres, quel
art, quelle industrie leur a valu ces biens qu'ils ont
transmis à leur race? par quel travail ont-ils créé la
richesse dont leur arrière-neveu jouit aujourd'hui? par
quel travail leurs descendants l'ont-ils accrue? C'est
là ce qui nous intéresse, c'est là ce qu'il faut expliquer. L'hérédité relie seulement les générations et
fait que le fils continue en quelque sorte la personne
du père, « sustinet personam defuncti », disent les
jurisconsultes romains. De cette façon, l'on peut,
comme Pascal, considérer tous les hommes comme
un seul homme qui vivrait toujours en apprenant
sans cesse; mais il n'apprendra toujours qu'à condition que chacun des hommes successifs qui le composent s'instruira lui-même. Si tous les hommes de-

meurent ignorants, l'espèce humaine ne saura rien.
Or, ou bien le premier homme, quel qu'il fût, avait
déjà à quelque degré cette tendance qui, fortifiée,
accrue, est devenue chez nous une idée rationnelle,
et alors comment l'avait-il acquise ? C'est ce que l'hérédité n'explique certainement point. Ou s'il ne l'a-
vait pas, comment l'a-t-il transmise à ses fils ?

- Mais ne voit-on pas que si ce raisonnement vaut
contre la théorie qui prétend expliquer les vérités rationnelles par la transmission héréditaire de certaines
tendances, il vaut également contre celle qui les attribue aux habitudes individuelles de chacun ? Ces habitudes ne sont-elles pas en effet un héritage que chaque
jour laisse au suivant et par quoi l'on se succède en
quelque sorte à soi-même ? J'accorde, si l'on veut, qu'à
force de voir des phénomènes précédés de leur cause
(et c'est, pour le dire en passant, ce que l'expérience
n'a jamais pu me montrer, Hume l'a bien fait voir),
j'aie fini par associer si étroitement ces deux idées que
je ne puisse plus les séparer ; je suppose qu'il ait fallu
mille expériences pour rendre cette association indissoluble. Mais aussi l'on m'accordera que, dès la première expérience, une association, aussi faible que

l'on voudra, commençait à se former, et qu'elle entrainait dès lors une tendance à croire que les choses se passeraient désormais comme elles s'étaient passées la première fois ; cette tendance n'est certes pas le résultat de l'habitude et rien dans l'expérience toute seule ne l'explique ni ne la justifie. Voilà donc que, du premier coup, l'esprit se sert de l'expérience comme d'un point d'appui pour prendre son élan et la dépasser, voilà qu'il se mêle aux choses, les interprète et les transforme. Voilà, en un mot, qu'il raisonne, et atteste ainsi qu'il est déjà en possession de deux prémisses ; l'expérience ne lui en fournissant qu'une, il faut bien qu'il trouve l'autre dans son propre fonds ; à moins d'admettre que l'on puisse tirer une conclusion quelconque d'une mineure toute seule, il faut bien qu'une majeure vienne s'y joindre ; or cette majeure, d'où vient-elle, si ce n'est de l'esprit même, et pour lui donner son nom ordinaire, de la raison ? Bien loin donc que les tendances résultant de l'association puissent expliquer la raison, c'est la raison au contraire qui les explique et les justifie ; elle en est la cause et non pas l'effet.

L'association ne rend donc pas mieux compte de

l'idée de cause que de celle de temps ou d'espace ;
mais, en supposant même qu'elle expliquât la formation de ces idées, justifierait-elle le caractère nécessaire, absolu, universel que nous leur attribuons? Nullement. Le grand nombre des expériences n'autorise
pas une conclusion universelle, ni leur constance une
conclusion nécessaire. Bien plus, il suffirait que nous
fussions une fois convaincus que les idées rationnelles
dérivent de l'association, pour qu'aussitôt elles per-
dissent leur caractère essentiel ; nous concevrions
en effet sans peine que d'autres expériences fussent
capables de produire des associations et partant des
idées toutes différentes, et voilà que l'on supprimerait
le sentiment même de la nécessité dont on prétend
indiquer l'origine ; car telle est la nature de ce sentiment, que qui l'explique, du même coup le détruit.

Enfin, pour un principe rationnel au moins, le
principe de causalité, on peut faire voir qu'il s'explique
si peu par l'expérience que l'expérience justifierait tout
aussi bien, et peut-être mieux, la formation d'un principe tout contraire. Le nombre des phénomènes qui
surviennent sans cause apparente est en effet beaucoup
plus grand que le nombre de ceux que l'on peut rat-

tacher à leurs antécédents. Nous ne sommes donc en aucune façon dans les conditions propres à une association indissoluble, et il nous faut au contraire une foi robuste dans le principe des causes, pour repousser la croyance au hasard, que l'expérience est toujours prêté à nous imposer si nous n'y prenons garde. Donc, puisque l'on rencontre un principe rationnel là où une association indissoluble n'a pu se former, un principe rationnel est autre chose qu'une association indissoluble.

IV.

Nous allons rechercher maintenant les conditions objectives de l'association des idées, c'est-à-dire, ainsi qu'il a été expliqué plus haut, les circonstances extérieures qui favorisent la présence simultanée des idées dans l'esprit. Ces circonstances sont aussi nombreuses qu'il y a de rapports possibles entre les objets. Les principales sont la contiguïté dans l'espace, la contiguïté dans le temps et la ressemblance.

1° *Contiguïté dans l'espace.* Il est clair que lorsque

deux choses sont voisines, elles peuvent facilement exciter en nous des sensations simultanées ou qui se succèdent à un très-court intervalle. Ainsi, il est aisé de porter rapidement les yeux ou la main de l'une à l'autre. La contiguïté dont il s'agit ici est donc la contiguïté apparente et non la contiguïté réelle. A notre égard, deux étoiles sont voisines lorsqu'elles se trouvent à peu près sur le même rayon visuel, et cela, bien que des millions de lieues les séparent ; deux maisons au contraire sont très-éloignées quand elles se trouvent à deux points opposés de l'horizon.

Comme il n'y a point d'objets plus contigus que les différentes parties d'un même objet, il n'y a guère non plus d'association plus forte que celle que l'on observe entre les idées de ces parties, et si la chose n'a que peu d'étendue apparente, l'idée en paraît absolument simple ; ainsi l'idée d'une étoile ou d'un ciron.

Après tout, puisque nous savons que les choses sont voisines, seulement parce qu'elles provoquent des sensations à peu près simultanées, on peut se demander s'il ne conviendrait pas de ramener le rapport de contiguïté dans l'espace à un ou plusieurs rapports

de contiguïté dans le temps. Kant a essayé cette simplification, et, de nos jours, M. Spencer a repris la
même doctrine (1).

Suivant ce profond penseur, l'idée du temps précède logiquement l'idée de l'espace et nous la donne.
Ce que nous connaissons tout d'abord, c'est la succession de nos états de conscience et rien autre chose ;
mais suivant qu'une suite d'états A, B, C, D, peut
être parcourue seulement dans un sens, ou qu'elle
peut être renversée et reproduite dans un ordre quelconque, nous concevons des idées bien différentes.
Lorsque nous ne pouvons intervertir l'ordre des
termes de la série, nous disons que les phénomènes
se succèdent dans le temps ; lorsqu'il dépend de nous
de modifier cet ordre, nous disons que les phénomènes coexistent dans l'espace.

J'écoute un morceau de musique ; les notes se
suivent dans un ordre indépendant de ma volonté ;
je ne puis à mon gré changer cet ordre, et remonter
de la dernière note à la première ; il y a là un rapport

_____

(1) Leibnitz avait déjà dit : L'espace est un ordre de coexis-
tences, comme le temps est un ordre de successions. (Édit.
Dutens, II, 1, 121.)

de succession simple, les phénomènes se passent dans le temps. Au contraire, je regarde successivement les différentes parties d'une maison; il dépend de moi de suivre dans cet examen tel ordre plutôt que tel autre: je puis considérer d'abord le rez-de-chaussée, puis le premier étage, puis le second, puis les combles, ou au contraire commencer par les combles pour finir par le rez-de-chaussée. Je puis parcourir en deux sens les mêmes états de conscience, je dis alors que les causes extérieures de ces états de conscience coexistent dans l'espace.

La question est de trop grande conséquence pour qu'il soit permis de l'effleurer même en passant. J'observe pourtant que la doctrine de H. Spencer ne détruit point du tout la spécialité de l'idée d'espace, mais implique seulement qu'elle ne saurait se développer qu'après celle de temps.

D'ailleurs, il s'agit ici des conditions objectives de l'association; et quand même on ramènerait l'idée de l'espace à l'idée du temps, on ne ferait pas que le temps fût la même chose que l'espace, ni la contiguïté dans l'un la même chose que la contiguïté dans l'autre.

: 2° *Contiguïté dans le temps*. La simultanéité de deux phénomènes est certainement une circonstance qui favorise l'association des images de ces phénomènes, puisque les sensations qui en résultent sont présentes ensemble et que, par suite, leurs idées demeurent unies.

La contiguïté dans le temps doit s'entendre non-seulement des phénomènes tout à fait simultanés, mais encore de ceux qui se succèdent immédiatement ou à court intervalle. En effet, on peut présumer dans ce cas que l'idée du premier n'a pas encore disparu lorsqu'apparaissent les sensations amenées par le second.

Il va sans dire que la contiguïté dont on parle ici est toute relative et qu'il faut considérer, non le temps réel où les phénomènes se produisent, mais le temps où ils font quelque impression sur nous. Ainsi, deux sons venant de distances inégales peuvent être entendus ensemble bien qu'ils ne se produisent point au même instant ; de même, l'inégalité de vitesse du son et de la lumière fait que l'on entend le tonnerre un certain temps seulement après avoir vu l'éclair, quoique l'étincelle et l'ébranlement qui produit le son soient réellement simultanés.

On doit remarquer que les sensations de même nature simultanées ou qui se succèdent à un très-court intervalle, ne s'associent point, à vrai dire, mais se composent en une résultante unique qui diffère quelquefois des composantes, non-seulement en quantité, mais aussi en qualité, comme il arrive pour les couleurs diverses perçues en même temps.

Le même se peut dire des sons. Helmholtz a fait voir, par exemple, que les différences de timbre sont dues à une série d'harmoniques qui coexistent avec le son principal. La plupart des sons résultent donc de la superposition d'autres sons plus simples ; c'est par là que des sons semblables en hauteur et en intensité se distinguent par leur douceur ou leur âpreté ; c'est là, enfin, dans la voix humaine, la cause des voyelles qui ne sont, comme on sait, que le timbre particulier que prend une note par suite de la résonnance de l'air dans la bouche.

Les sensations tout à fait semblables s'ajoutent simplement les unes aux autres, et le concours n'a d'autre effet que de produire une sensation plus forte que chacune des sensations isolées, mais non pas égale à leur somme, du moins autant que l'on peut en juger,

car il est fort malaisé d'évaluer au juste l'intensité
d'une sensation (1).

Tout acte de conscience ayant une certaine durée, les impressions qui se succèdent à un intervalle
moindre que cette durée produisent des sensations

---

(1) Les physiologistes allemands, Weber, Fechner, Helmholtz
et Wundt, et, après eux, un Belge, M. Delbœuf (*Recherches
théoriques et expérimentales sur la mesure des sensations,* Bruxelles,
1873), ont déterminé d'une manière assez satisfaisante l'intensité de l'excitation qui doit s'ajouter à une autre pour produire
dans la sensation résultante une différence appréciable à la
conscience. Ils ont trouvé d'abord que cette excitation est
d'autant moindre que l'excitation à laquelle elle vient s'ajouter
est elle-même plus faible ; ensuite que pour chaque espèce de
sensations le rapport entre l'excitation primitive et l'excitation
additionnelle est constant. Ce rapport est $\frac{1}{3}$ pour les sensations
tactiles, $\frac{1}{17}$ pour les sensations musculaires, $\frac{1}{3}$ encore pour les
sensations auditives, et $\frac{1}{100}$ environ pour les sensations optiques.
On n'a pu encore le déterminer pour les sensations du goût
et de l'odorat. (Voir Wundt, *Physiologie,* pages 437 et suivantes
de la traduction française.)

Enfin, l'intensité de la sensation croît moins rapidement que
l'intensité de l'excitation qui la produit ; on a même cru pouvoir présenter cette loi sous la forme rigoureusement exacte
que voici : Les sensations augmentent proportionnellement
aux logarithmes des excitations. C'est une tentative à tout le
moins prématurée pour soumettre au calcul des phénomènes
qu'il est bien difficile de mesurer exactement.

simultanées. Ainsi des bruits séparés par un intervalle de moins d'un seizième de seconde sont perçus comme un son unique dont la hauteur croit à mesure que ces bruits se suivent de plus près. La sensation de couleur blanche qui résulte de la rotation rapide d'un disque partagé en secteurs colorés montre qu'il en est de même pour les impressions de lumière.

. Le rapport du signe à la chose signifiée peut presque toujours se ramener à un rapport de contiguïté entre les deux phénomènes dont l'un est le signe de l'autre, de là vient par exemple qu'un certain bruit est le signe de l'explosion d'une arme à feu.

On peut en dire autant du rapport de cause à effet, puisque l'association qui en résulte s'explique, la plupart du temps, par la simultanéité ou la succession immédiate des deux phénomènes. Et cela ne veut pas dire que l'idée de cause soit la même chose que l'idée d'une succession aussi invariable et inconditionnelle qu'on la veuille supposer, mais seulement que l'idée de cause implique toujours une idée de succession, ce qui est tout autre chose.

3° *Ressemblance*. Des sensations semblables peuvent être considérées comme la même sensation qui repa-

rait plusieurs fois. Il est donc naturel que cette sensation ramène à sa suite toutes les idées auxquelles
elle est associée, qui forment en quelque sorte son
cortége habituel, et restaure ainsi plus ou moins les
états d'esprit dont elle a précédemment fait partie.

Il suit de là que le pouvoir de plusieurs objets d'exciter en nous la même sensation est une circonstance
favorable à l'association des idées de ces objets.

Ce pouvoir, à son tour, suppose dans les choses
quelque propriété commune, ne fût-ce que celle
d'agir de la même façon sur les organes, quelque
ressemblance objective que nous pouvons à bon
droit conclure de la ressemblance subjective des sensations, la seule qui tombe immédiatement sous nos
prises.

Le rapport de ressemblance est assez important
pour mériter une mention à part. On peut remarquer
cependant que si l'on poussait un peu plus loin l'analyse, il se résoudrait aisément en un double rapport
de contiguïté dans le temps ou dans l'espace. Deux
objets semblables sont en effet deux objets qui ont à
la fois des qualités différentes et des qualités communes, par exemple, en représentant les diverses

qualités par des lettres, des objets tels que A B C D E, A B C M N.

Les qualités A B C sont associées par contiguïté dans le premier objet à D E, dans le second à M N, à peu près comme l'indique la formule suivante :

$$ABC \begin{cases} DE \\ MN \end{cases}$$

Et l'on voit que c'est seulement à la suite de cette double association et grâce à l'intermédiaire des qualités communes que l'un des objets rappelle le souvenir de l'autre.

Ces qualités communes sont toujours plus ou moins dissimulées et comme masquées par les qualités dissemblables qui s'y joignent. Il faut alors savoir démêler les ressemblances au milieu des différences; ce qui exige un effort d'abstraction d'autant plus grand que les ressemblances sont plus légères et plus rares. Nous arrivons ainsi à apprécier la saveur du sucre dans tous les liquides sucrés, quelle que soit d'ailleurs la nature propre de ces liquides, que ce soit de l'eau, du vin, de l'alcool ou du café. On reconnaît au contact un grand nombre de substances, sous les volumes, les formes ou les poids les plus

divers (1). On reconnaît aussi un morceau de musique exécuté sur divers instruments, sur le violon,
par exemple, et sur la flûte, malgré la différence de
timbre de ces instruments. Les formes diverses de
l'étendue colorée n'empêchent pas non plus de reconnaitre une couleur; et les différences de couleur ne
font pas disparaître la ressemblance des formes ou
des dimensions.

D'ailleurs, il s'en faut de beaucoup que cette aptitude à discerner les ressemblances parmi les différences soit égale chez tous les hommes. Un chimiste
découvre entre le fer et l'hydrogène des ressemblances
telles que volontiers il rangerait ces deux corps dans
la classe des métaux; un ignorant n'aperçoit pas la
moindre analogie entre ce gaz invisible, presque im-
pondérable, qui a bien l'air d'avoir été plutôt imaginé
que découvert par les savants, et une barre de fer
lourde, brillante et solide, chose qui se voit et se
touche si bien. Quand Newton rattacha à la même
loi la chute d'une pomme et le mouvement de la

_____

(1) Voir Bain: *Des Sens et de l'Intelligence,* deuxième partie,
ch. II, § 2.

lune, il vit, je dirais presque à la lumière d'un éclair de génie, une ressemblance que nul homme avant lui n'avait soupçonnée.

Une plus grande délicatesse des sens, une attention spéciale et soutenue, l'habitude d'observer une certaine classe de phénomènes, la puissance d'abstraction que développe surtout l'étude des sciences exactes, enfin les différences d'aptitude des esprits, différences antérieures à toute culture, sont autant de causes qui rendent les hommes inégaux dans cette faculté de reconnaître la ressemblance au milieu de la diversité.

V.

Les lois d'associations expliquent non-seulement l'union des idées dans une même image, mais encore la façon dont les images successives s'enchaînent entre elles ou avec les perceptions, de telle sorte que la continuité de la vie psychologique ne soit jamais rompue, et que la scène, comme on dit, ne reste jamais vide.

Observons, en effet, que la même idée peut faire partie à la fois de plusieurs images, et que, par cette idée commune, les images sont unies, alors même qu'elles ont été formées en des temps fort divers. C'est une observation vulgaire que deux images successives renferment toujours quelque chose de semblable par quoi elles tiennent l'une à l'autre.

· Supposons les images suivantes (A B C), (C D E), (E F G), (G H I). Le passage de l'une à l'autre se fait évidemment par le moyen des idées C, E, G, qui appartiennent à la fois à deux groupes contigus. Que l'on considère par exemple la série que voici : Bossuet, évêque, violette, Parme, Italie, Rome, Annibal, Afrique, Baker, Angleterre, on trouvera sans peine les idées communes qui servent de transition.

Les images successives ainsi associées s'appellent dans un ordre constant. C'est donc à tort qu'on représente presque toujours l'association comme réciproque. Cette réciprocité ne s'observe que dans les associations entre idées simultanées, et point du tout dans les associations entre images successives. Soient deux images A et B ; de ce que A rappelle B, on ne saurait conclure que B rappelle A. Si, dans certains cas, l'ordre est indifférent, cela n'arrive qu'à la suite de deux associations distinctes et de sens contraire entre les mêmes images.

Bien loin que l'association soit réciproque, elle constitue au contraire, une fois établie, un sérieux obstacle à la production des mêmes images dans un ordre différent. Pour descendre le courant, il suffit de se laisser aller ; pour le remonter, il faut un effort d'autant plus violent qu'une plus longue habitude a augmenté en quelque sorte la pente sur laquelle nos idées sont entraînées.

Cherchez à répéter un mot, en renversant l'ordre des syllabes, surtout un mot qui vous soit familier, vous éprouverez une difficulté presque insurmontable et vous n'en viendrez à bout qu'en y réfléchissant longtemps et avec beaucoup d'attention. Il suffit que le mot ait été entendu une seule fois pour que la difficulté soit considérable ; essayez, pour vous en convaincre, de faire retourner à un enfant quelque nom qu'il entende pour la première fois, par exemple, mahabarata.

Voulez-vous savoir ce que vous faisiez à une certaine heure de la journée? Vous ne remontez pas d'heure en heure, cherchant l'emploi de chacune d'elles ; vous reculez tout d'un coup comme un homme qui va prendre son élan, jusqu'à un moment antérieur, à coup sûr, à celui dont vous voulez connaître l'usage, et de là vous redescendez jusqu'à l'instant qui vous intéresse.

Un vers m'échappe au milieu d'une tirade ; aussitôt je reviens en arrière, et reprenant la tirade tout entière le plus vite qu'il m'est possible, j'imprime à mon esprit une impulsion grâce à laquelle il franchit l'obstacle. Rencontré-je un mot dont l'orthographe m'embarrasse, j'écris au courant de la plume une phrase qui contienne le mot rebelle précédé des mots qui l'accompagnent le plus ordinairement, presque toujours l'orthographe correcte se présente d'elle-même.

CHAPITRE IX.

I. Conservation et renaissance des images. — II. Persistance de l'association. — III. Conditions du rappel. — IV. Reconnaissance des images. Ses conditions.

I.

Tout le temps que dure l'association entre certaines idées, c'est-à-dire la tendance qu'elles ont à s'appeler l'une l'autre, si le cours de la vie psychologique vient à ramener une des idées ainsi unies, si quelque sensation se présente de celles qui les ont accompagnées autrefois, l'image tout entière se reformera suivant les lois expliquées plus haut.

Ce qu'on appelle conservation et renaissance des images est donc une conséquence directe de l'association ou, pour mieux dire, l'association même. Il n'y a là aucun fait nouveau qu'il faille attribuer à un pouvoir spécial de l'esprit, ce qu'il y a de primitif, d'inexpliqué, c'est le lien qui joint ainsi les idées, et cela est peut-être inexplicable. La curiosité est sans doute la première vertu du philosophe, la modestie n'est que la seconde, mais il faut bien qu'elle trouve à son tour quelque occasion de s'exercer.

A quelque endroit de la terre que l'on creuse, on finit toujours par rencontrer une roche si dure que les outils du plus fin acier ont peine à y mordre. De même dans l'âme humaine, quand on enfonce à certaines profondeurs, on est enfin contraint de s'arrêter devant des qualités premières par lesquelles l'âme est ce qu'elle est et non autre chose à quoi tout se ramène et qu'on ne peut ramener à rien. Il semble bien que l'association des idées soit une de ces qualités premières, et que nous touchions là au granit primitif que l'analyse la plus subtile se refuse à entamer.

Il ne faut pas confondre la renaissance des images, résultat direct de l'association, avec la mémoire qui implique de plus la reconnaissance de ces images, c'est-à-dire le sentiment qu'elles nous sont déjà apparues autrefois. A la vérité, la mémoire est toujours la renaissance d'une image, mais c'est aussi quelque chose de plus. Chacun sait combien d'images reparaissent sans être reconnues, et qu'il est aisé de prendre une simple réminiscence pour une idée originale. Tel peintre croit inventer les figures de ses tableaux, qui ne fait que des portraits ; tel musicien se croit du génie, qui n'a que de la mémoire ; et où est le poëte si original qu'il ne fasse tous les jours quelque pastiche involontaire ? Leibnitz rapporte un curieux exemple de réminiscence. « Jules Scaliger, dit-il, ayant célébré en vers les hommes illustres de Vérone, un certain soi-disant Brignolus, Bavarois d'origine, mais depuis établi à Vérone, lui parut en songe et se plaignit d'avoir été oublié. Jules Scaliger ne se souvenant pas d'en avoir ouï parler auparavant, ne laissa point de faire des vers élégiaques à son honneur sur ce songe. Enfin le fils de Joseph Scaliger, passant en Italie, apprit plus particulièrement qu'il y avait eu autrefois à Vérone un célèbre grammairien ou critique savant de ce nom, qui avait contribué au rétablissement des belles-lettres en Italie..... Il y a bien de l'apparence que Jules Scaliger avait su quelque chose de Brugnol, dont il ne se souvenait plus, et

que le songe fut en partie le renouvellement d'une
ancienne idée (1) ».

Puisque la renaissance des images n'est que le rappel par une idée ou une sensation actuelle des idées
qui lui sont unies, on voit bien qu'il ne saurait être
question de la manière dont les images se conservent
dans l'âme tout le temps qui sépare leurs apparitions
successives. En fait, elles ne se conservent pas du
tout. Ce qui se conserve, c'est l'esprit identique à
lui-même, l'esprit qui dure avec la forme qu'il a
reçue des expériences quotidiennes, les aptitudes diverses que ses actes lui ont laissées, les mystérieuses
puissances dont son être s'accroît tous les jours.
Quant aux images elles-mêmes, le temps les emporte
comme tous les autres phénomènes ; ce qui est passé
l'est pour jamais, et ce qui n'est plus rien ne saurait
revenir. Ce dont on parle comme d'une image ancienne qui s'est conservée et qui reparaît est, à dire
le vrai, une image nouvelle. En parler comme d'une
ancienne qui revient, c'est user d'une figure de rhétorique et faire revivre ce qui est mort. On dit à peu

_____

(1) Leibnitz : *Nouveaux Essais,* livre I, ch. III, p. 74.

près de la même façon en style oratoire qu'un grand homme nous est rendu quand il a un fils qui lui ressemble.

Je ne prétends point par là qu'on doive renoncer à ces expressions figurées qu'il serait du reste fort malaisé de remplacer ; mais il faut les bien entendre et n'en être pas la dupe au point de chercher long-temps la solution de difficultés qui ne viennent que des mots.

Par exemple, on ne doit pas se mettre en peine d'expliquer par quel prodige tant de sillons tracés dans la mémoire ne finissent point par se confondre. Cela vient de ce qu'il n'y a pas de sillons. Et si le magasin de la mémoire, comme on dit, n'est pas enfin rempli par les images, c'est que les images ne tiennent point de place et que la mémoire n'est pas un magasin. Le plaisir de comprendre est si grand, que tout ce qui ressemble de près ou de loin à une explication est sûr d'avance d'un accueil favorable, et qu'une simple comparaison, pourvu qu'elle soit claire et ingénieuse, paraît quelquefois une théorie très-satisfaisante.

Le premier qui a dit que l'esprit de l'enfant est

comme une cire molle prompte à recevoir toutes les impressions, n'entendait point sans doute expliquer de cette façon la facilité avec laquelle les enfants apprennent. Je le veux croire pour son honneur ; mais qu'il l'ait souhaité ou non, sa comparaison a semblé si juste et a fait une si belle fortune, que bien des gens ne conçoivent même pas qu'il soit permis après cela de désirer une autre explication.

Si l'on écarte un instant toutes les idées poétiques que peut suggérer la renaissance d'une image, on voit sans peine qu'elle dépend de deux conditions nécessaires (mais non suffisantes) : 1° la persistance de l'association entre les idées dont cette image se compose ; 2° la présence actuelle dans l'esprit de l'une de ces idées ou de quelque sensation qui lui soit associée. Il faut étudier successivement ces deux conditions.

II.

Plusieurs idées étant une fois jointes, on ne voit point ce qui les séparerait, ou, pour user du langage ordinaire, on ne voit point de raison pour qu'une image une fois entrée dans l'esprit doive jamais en sortir. Tout le monde parle de la mémoire avec une admiration mêlée de surprise, mais je ne sais comment il se fait que personne n'ait encore songé à se récrier devant l'oubli. On dirait que cette défaillance de l'esprit est ce qu'il y a au monde de plus aisé à concevoir.

Cela vient sans doute de ce que l'oubli paraît la règle, le souvenir l'exception. Il semble évident que la plupart des images défilent une fois devant la conscience, puis s'éloignent sans retour, et que celles qui reviennent doivent ce rare privilége soit à un plus grand éclat lors de leur première apparition, soit à l'attention particulière qu'on leur a prêtée, désireux que l'on était de pouvoir les rappeler au besoin.

Mais d'abord, puisqu'on ne reconnaît qu'un très-petit nombre des images qui renaissent, il est bien malaisé de décider pour les autres si elles sont anciennes ou nouvelles, et, par suite, quelle part il faut faire à la mémoire et à l'oubli.

D'ailleurs, beaucoup de faits semblent montrer que l'oubli n'est jamais complet. Il suffit d'une conjonc-

ture favorable pour rappeler l'image que l'on croyait
à jamais perdue. Le trésor de la mémoire est fidèle
et ne laisse plus échapper ce qu'une fois on lui a
confié.

On sait la fraîcheur et la vivacité des lointains souvenirs d'enfance qui, dans ce grand silence et ce
recueillement où s'achève la vie, viennent charmer
encore et endormir les vieillards. Les longues années
de la jeunesse et de l'âge mûr ont passé en les respec-
tant. Revoyons-nous après plusieurs années d'absence une ville que nous avons longtemps habitée, à
mesure que nous traversons les rues et les places, le
passé sort de l'oubli ; nous reconnaissons les visages
amis, l'accent depuis longtemps oublié des voix qui
nous sont chères ; nos pas semblent nous porter
d'eux-mêmes vers les lieux dont nous espérions à
peine retrouver le chemin. On dirait qu'un enchan-
teur a touché de sa baguette un monde endormi.
Ainsi dans le palais de la Belle au bois dormant, quand
le terme fatal fut arrivé, chacun se réveilla, la prin-
cesse, les suivantes, les suisses à la mine vermeille ;
le feu lui-même qui s'était endormi se remit à brûler.
Ce réveil soudain est presque toujours agréable ; il

devient cependant pénible quand le présent fait avec
le passé un trop violent contraste. On connaît la
plainte immortelle d'Olympio :

« Pâle, il marchait, au bruit de son pas grave et sombre,
« Il voyait à chaque arbre, hélas ! se dresser l'ombre
      « Des jours qui ne sont plus . . . . .
« O douleur ! j'ai voulu, moi, dont l'âme est troublée,
« Savoir si l'urne encore conservait la liqueur,
« Et voir ce qu'avait fait cette heureuse vallée
« De tout ce que j'avais laissé là de mon cœur !

 « Que peu de temps suffit pour changer toutes choses !
« Nature au front serein comme vous oubliez !
« Et comme vous brisez dans vos métamorphoses
« Les fils mystérieux où nos cœurs sont liés ! »

Pour se réveiller ainsi, nos vieux souvenirs n'ont
pas toujours besoin du choc violent de la réalité ; ils
reviennent quelquefois, sans cause apparente, par un
travail intime et tout spontané de l'esprit. Cela arrive
surtout quand les sensations extérieures font silence,
et que nous nous laissons aller sans résistance à la
rêverie. Les songes, qui sont le triomphe de l'activité
spontanée de l'esprit, présentent de curieux exemples
de ce phénomène. « Il me revenait souvent à l'esprit,
dit M. Maury, et je ne savais pour quel motif, trois

noms propres accompagnés chacun d'un nom d'une ville de France. Un jour, je tombe par hasard sur un vieux journal que je relis n'ayant rien de mieux à faire. A la feuille des annonces, je vois l'indication d'un dépôt d'eaux minérales avec les noms des pharmaciens qui les vendaient dans les principales villes de France. Mes trois noms inconnus étaient inscrits là en face des trois villes dont le souvenir s'était associé à eux; tout était expliqué : ma mémoire, excellente pour les mots, gardait le souvenir de ces noms associés sur lesquels mes yeux avaient dû se porter alors que je cherchais (et cela avait lieu deux mois auparavant) un dépôt d'eaux minérales, mais la circonstance m'était sortie de l'esprit sans que pour cela le souvenir fût totalement effacé; or, assurément, je n'avais pu mettre une grande attention dans une lecture aussi rapide (1). »

Si le lien qui unit les diverses idées dont se compose une image ne se brise jamais tout à fait, il peut cependant s'étendre et se relâcher singulièrement, ce qui fait que si toute image peut revenir, toute image

_____

(1) A. Maury : *Le Sommeil et les Rêves.*

pourtant ne revient pas. Il faut donc voir les princi-pales circonstances qui favorisent ou empêchent ce retour.

1° On doit compter d'abord la nature même des idées considérées chacune en particulier et indépen-damment de toute association. L'esprit, en effet, ne les reproduit pas toutes avec une égale facilité, et l'on comprend bien que les images les plus durables sont justement composées des idées que l'on retient le mieux.

Les images optiques sont, de toutes, celles qui repa-raissent le plus souvent et avec le plus de netteté. On peut raviver à tout instant et sans effort l'image du ciel bleu, de la neige, des arbres, etc., et rester en quelque sorte ébloui à la pensée d'une lumière écla-tante comme celle du soleil. Telle est l'importance de cette sorte d'images, que le nom particulier qui servait à les désigner a fini par s'étendre à la classe tout entière (1).

Sans doute, la qualité propre de ces images, ou, si

_____

(1) Certains écrivains ou philosophes, Addison, Reid, par exemple, exagérant cette vérité, ont soutenu, mais à tort, qu'il n'y avait pas d'autres images que les images visuelles.

l'on aime mieux, la constitution même de l'esprit, est la cause première d'un tel privilége ; mais il n'est pas impossible que l'attention particulière que l'on prête aux sensations de la vue en favorise aussi le retour.

Il n'est certainement pas de qualité des objets extérieurs qui nous intéresse plus que leur position relative dans l'espace. On ne peut ni agir sur le monde extérieur, ni en acquérir une connaissance quelque peu précise ; on n'étend pas la main pour saisir un objet, on ne marche pas, on ne prononce pas une parole, sans mesurer des distances, bien ou mal ; sans cette mesure, comment régler les mouvements musculaires et la force de la voix ? De tous les objets sur lesquels se porte l'activité de l'esprit, il n'en est donc point qui l'occupe plus souvent que celui-là.

Toute mesure étant une comparaison, par cela seul que tous les sens nous apportent des sensations plus ou moins comparables entre elles et qui varient suivant l'éloignement des objets, ce sont autant d'instruments propres à mesurer cet éloignement. On évalue assez exactement la distance à laquelle se trouve un corps sonore, pourvu que l'on se représente l'intensité du son qu'il produirait à une distance donnée; de même, on peut quelquefois juger à la force d'une odeur si le corps dont elle émane est plus ou moins éloigné ; mais toutes ces indications sont grossières, incomplètes, peu comparables entre elles, et l'on n'y recourt guère que lorsqu'on manque d'autres moyens.

Deux sens surtout nous rendent cet office de juger des distances : le sens musculaire et le sens de la vue. Par l'intensité de la sensation qui accompagne la contraction d'un muscle, on apprécie le poids d'un corps, la résistance qu'il oppose au mouvement ou à la déformation; la durée et la vitesse du mouvement par lequel on parcourt la surface de ce corps donne l'idée de l'étendue résistante ; et, par le temps qui sépare deux sensations, on juge de la distance relative des deux corps qui en sont la cause. Pour les grandes distances, on les mesure quelquefois en comptant les efforts musculaires.successifs qu'il faut faire pour arriver au contact d'un objet. Mais toutes ces opérations sont longues et laborieuses, souvent impossibles; et l'on peut croire que si nous étions dépourvus de meilleures recettes, nous n'aurions de la nature qu'une connaissance fort obtuse, telle à peu près que peuvent

l'avoir les aveugles de naissance restés sans instruc-
tion. Heureusement, certaines particularités de la vue
fournissent des procédés de mesure plus faciles.

Il se fait, comme on sait, des mouvements dans
l'œil pour l'adapter aux différentes distances des objets,
ou aux diverses intensités de la lumière. Le cristallin
se rapproche ou s'éloigne de la rétine, en même temps
qu'il change de courbure. La pupille se dilate ou se
resserre de façon à mesurer à l'œil la lumière qui
lui convient; enfin l'œil tout entier se meut dans
l'orbite pour se diriger vers les objets et suivre les
contours des surfaces éclairées (1).

On associe bien vite les sensations musculaires qui
accompagnent ces mouvements avec les sensations
musculaires d'un autre ordre qui se produisent lorsqu'on promène la main à la surface des corps ou
qu'on marche pour s'en rapprocher, et l'on a ainsi
un moyen si commode et si rapide de mesurer les
distances que l'on finit par négliger tous les autres.

La dégradation des teintes qui résulte de l'éloigne-

_____

(1) On peut consulter Helmholtz : *Optique physiologique*, et
Wundt : *Physiologie* (voir particulièrement les pages 468 et
469 de la traduction française).

ment vient encore en aide lorsqu'il s'agit de grandes distances pour lesquelles les moyens précédemment indiqués deviendraient insuffisants.

Non-seulement la vue peut suppléer au toucher, mais encore c'est le seul instrument qui permette de mesurer la distance d'objets tout à fait inaccessibles, comme les astres.

Sa délicatesse égale sa puissance. Le toucher, même lorsqu'il s'exerce par les organes les plus sensibles c'est-à-dire le bout des doigts, apprécie à peine des intervalles d'un demi-millimètre; la vue au contraire discerne aisément les. intervalles d'un vingtième, et, avec l'aide des instruments, d'un millième de milli-mètre.

Enfin les indications de la vue sont plus compa-rables entre elles que celles des autres sens, parce qu'elles dépendent moins des dispositions du sujet. A ce titre, elles servent comme de commune mesure, et par elles on rectifie sans cesse les données des autres sens.

Ainsi, c'est au toucher qu'il appartient d'apprécier la température des corps, mais ses indications sont fort incertaines, ou si l'on veut subjectives. Par exemple, si l'on a une main chaude et l'autre froide, et qu'on les plonge ensemble dans de l'eau à une température moyenne, on éprouve à la fois deux sensations : une de froid à la main chaude, l'autre de chaud à la main froide ; aussi, quand on veut mesurer une température, on emploie un thermomètre qui traduit les variations de température en variations proportionnelles de la hauteur d'une colonne liquide que la vue peut mesurer.

De même, au lieu de s'en remettre au goût du soin de reconnaître la présence d'un corps sapide en dissolution dans un liquide, on s'adresse à la vue, en usant d'un réactif propre à donner telle ou telle couleur au liquide, suivant que le corps dont on soupçonne la présence y sera ou non dissous.

Quels progrès ne fait pas l'acoustique depuis qu'elle se sert des procédés optiques ou graphiques ! Passez en revue les divers instruments de mesure à l'usage des physiciens, balance, thermomètre, baromètre, manomètre, boussole, électroscope, galvanomètre, sirène, etc., vous verrez qu'ils sont construits de façon à traduire l'action des différentes forces en sensations optiques ; et ce que le savant fait avec réflexion dans son laboratoire, nous le faisons tous, sans cesse, sans nous en rendre compte ; nous transformons autant que possible nos diverses images en images optiques, ou du moins nous les associons à de telles images, sous peine de les voir se confondre et s'effacer rapidement. Dès lors, comment s'étonner que ces images reparaissent plus souvent que les autres ?

Les idées des sons viennent au second rang ; mais bien loin de celles de la vue. Il n'est pas aisé, quelque bonne volonté, quelque attention que l'on y mette, de retenir un air à la première audition. Au contraire, on se représente sans peine la figure de l'exécutant, bien qu'on la regarde d'ordinaire avec un médiocre intérêt. On peut objecter qu'un enfant auquel on lit plusieurs fois une leçon à haute voix la retient quelquefois mieux que s'il la lisait lui-même ; il faut répondre que l'enfant se rappelle dans ce cas, non la voix même du lecteur, le ton, le timbre, les inflexions, mais bien les images, images optiques pour la plupart, que la lecture éveille dans son esprit. Si les mots lui reviennent, c'est qu'ils sont associés à ces images. Voici une expérience qui le prouve. Lisez quelques vers à un enfant qui ne sache pas le grec, en l'aver-

tissant de les bien écouter et de les retenir s'il le peut;
proposez-lui, si vous voulez, une petite récompense
pour être assuré qu'il fait tous ses efforts; vous aurez
beau les répéter un très-grand nombre de fois, c'est à
peine s'il en retiendra quelques mots; au contraire,
écrivez le grec en caractères connus, et mettez-le-lui
sous les yeux, il le récitera au bout de quelques instants.

Les sensations tactiles et musculaires viennent
après celles de l'ouïe. On reconnaît au toucher un
grand nombre de substances, le papier, le bois, le
velours, le métal; on imagine sans peine la mollesse
ou la dureté, le rugueux ou le poli de certaines surfaces; on garde un souvenir exact d'un poids auquel
on a souvent prêté attention (1). Quand on veut
sauter un fossé, on prend un élan suffisant pour
atteindre le bord opposé, sans pourtant dépenser une
force inutile. Pour lancer un projectile, il faut évidemment mesurer la force d'impulsion selon la dis-

_____

(1) M. Bain observe qu'un employé de la poste évalue avec
beaucoup d'exactitude un poids de dix grammes, et que les
marchands qui vendent à la livre apprécient très-bien la livre,
ses multiples et ses sous-multiples.

tance du but à atteindre, le poids du projectile et l'effet que l'on cherche à produire. Or, toutes ces opérations supposent quelque souvenir des efforts antérieurs.

Ce qui a pu faire croire que les sensations tactiles et musculaires ne laissent pas de traces, c'est qu'on néglige en général les indications de ces deux sens pour s'attacher surtout aux images visuelles ; mais les aveugles en usent tout autrement. Pour eux, les images tactiles et musculaires forment presque toute la matière des souvenirs ; le tact, continuellement exercé, acquiert une puissance et une délicatesse surprenantes. L'aisance de mouvements, l'habileté manuelle dont certains aveugles font preuve, montrent que si les images tactiles tiennent d'ordinaire peu de place dans l'esprit, ce n'est pas tant à cause de leur inaptitude à se conserver et à renaitre, qu'à cause de la clarté et de l'abondance des images optiques qui nous gâtent, pour ainsi dire, et nous font dédaigner les autres. Si l'on prêtait autant d'attention aux sensations tactiles, si l'on s'appliquait à démêler les diverses faces des objets résistants et à en suivre les contours, peut-être parviendrait-on à concevoir des images tactiles comme on fait des images visuelles. « Quelques amateurs de sculpture, dit Cabanis, jugent mieux de la beauté des formes par la main que par l'œil. Le sculpteur Ganibasius, ayant perdu la vue, ne renonça point à son art : en touchant des statues ou des corps vivants, il savait en saisir les formes et les reproduisait fidèlement. » (*Rapp. du phys. et du mor.*, 3ᵉ mém., § 6.)

Les sensations de saveur, toutes vives qu'elles sont, ne laissent pourtant que de faibles idées. Ces idées ne renaissent guère que lorsqu'une sensation analogue à la sensation primitive vient les réveiller, comme il arrive quand on reconnaît la saveur d'un fruit ou d'une liqueur; encore ne faut-il pas dans ce cas que la première expérience soit trop ancienne. Les aliénistes ont remarqué que les hallucinations du goût sont beaucoup moins fréquentes que celles de la vue, de l'ouïe ou du toucher; qu'elles ne se rencontrent presque jamais chez les personnes qui ont conservé l'intégrité de leur raison, et qu'elles supposent dans les organes ou dans l'âme des désordres profonds.

Si l'on garde quelque souvenir d'un bon repas, ce n'est pas tant la saveur des mets que l'on se rappelle, que les circonstances dans lesquelles on a pris ce repas, les convives près desquels on a pris place, les propos qui l'ont égayé, la mine appétissante des mets.

L'idée des sensations de la vie organique renaît encore plus difficilement. Essayez d'imaginer la sensation de la faim, vous n'y arriverez qu'avec peine, et vous ne pourrez guère penser qu'aux circonstances dans lesquelles se produit la faim; la difficulté sera presque insurmontable si justement vous venez de manger. Il est difficile de se représenter, même à un faible degré, la douleur d'une coupure ou d'une brûlure, ou du mal de tête. Cependant la mémoire de ces sensations ne se perd pas tout à fait, comme l'atteste la vive sympathie que l'on ressent pour ceux qui les éprouvent.

Les idées que nous laissent les sensations d'odeur semblent de toutes les plus obtuses, les moins durables, les moins promptes à revenir. On ne conserve que celles que nourrit une expérience quasi-quotidienne. Il faut presque toujours une excitation extérieure pour les renouveler, et alors même, on ne s'y arrête que rarement. Leur rôle est à peu près insignifiant dans l'ensemble des conceptions.

On voit en somme que, parmi les perceptions, celles-là ont la plus grande aptitude à renaître qui sont le plus notre œuvre, où nous avons mis le plus de notre activité et de notre intelligence. C'est, je crois, Maine de Biran qui a fait le premier cette remarque. Dans les perceptions de la vue, presque tout est acquis. On ne peut avoir quelque idée de l'étendue colorée, des dimensions des objets, de leur situation relative, de la distance à laquelle ils sont de nous, que par une série de mouvements volontaires ou instinctifs des yeux ou de la tête; et il faut que l'esprit compare et interprète les mille petites sensations musculaires qui accompagnent ces mouvements. L'ouïe est déjà plus simple; elle s'exerce pourtant encore par un organe compliqué, et suppose de petits mouvements dans les muscles de l'oreille interne; elle exige de plus le travail d'intelligence nécessaire pour compter le nombre des vibrations, travail inconscient, à la vérité, mais très-réel, et qui, comme tout autre mode de l'activité spirituelle, devient plus facile et plus sûr par l'habitude. Le tact, à peu près passif dans les sensations de température, devient actif, au contraire, lorsqu'on s'en sert pour apprécier l'étendue et les formes des objets résistants. En effet, il ne s'exerce alors qu'à l'aide des mouvements de la main et des doigts. Enfin, au plus bas degré de l'échelle, on trouve les sensations d'odeur et de saveur; presque toutes passives, puisqu'il suffit pour les produire d'une réaction chimique ou d'une excitation quelconque de la langue ou de la muqueuse nasale, et qu'elles sont trop confuses, trop rares et trop fugitives pour qu'il soit possible de les comparer.

2° Les images renaissent d'autant mieux qu'elles ont été plus vives à leur première apparition. Cette vivacité tient ordinairement à la force des sensations dont les idées composent l'image. On peut, dit M. Herbert Spencer, se rappeler l'éclat d'un magnifique coucher de soleil longtemps après qu'on a oublié les scènes de la même date plus faiblement éclairées. On peut imaginer plus vite et plus nettement le son d'une trompette que celui d'un basson. Il est beaucoup plus facile de se rappeler le goût de quelque chose d'extrêmement doux, acide ou amer, que de quelque chose qui est presque insipide; et une très-vive douleur laisse dans la mémoire des traces qui durent longtemps après que le souvenir des souffrances légères a disparu.

Le caractère extraordinaire des perceptions contribue beaucoup aussi à la conservation des images qui les reproduisent. Plus le contraste avec les perceptions habituelles est grand, plus, comme on dit, on est frappé, plus fidèle est le souvenir (1). Après une promenade d'une heure, pendant laquelle on a rencontré quatre ou cinq cents personnes, que l'on passe en revue les images qui restent, on remarquera presque toujours que les quatre ou cinq figures dont on se souvient présentent un caractère exceptionnel. Si l'on se rappelle quelques costumes, ce sont justement les plus bizarres : a-t-on fait rencontre de quatre cents de nos compatriotes, de dix Turcs et d'un Chinois, c'est du Chinois sans comparaison qu'on se souvient le mieux, puis des Turcs, et très-confusément des autres que rien ne recommandait à l'attention. Un curieux qui visite le Jardin-des-Plantes ne garde nul

_____

(1) Si quas res, in vita videmus parvas, usitatas, quotidianas, eas meminisse non solemus ; at si quid videmus aut audimus egregiè turpe aut honestum, inusitatum, magnum, incredibile, ridiculum, ea diù meminisse consuescimus. (Cicéron.)

souvenir des animaux dont les congénères se rencontrent fréquemment dans notre pays; mais il se rappelle fort bien le tigre, l'ours, le boa, les singes, l'hippopotame et l'éléphant. Si la mémoire des enfants est fidèle, c'est peut-être que tout les frappe, parce que tout les surprend. L'orateur ou l'écrivain qui veut produire une impression forte et durable, emploie des expressions sublimes ou familières qui tranchent sur le ton ordinaire des écrits ou des discours; il prodigue les figures hardies, les apostrophes, les prosopopées; il fait parler les morts, et par là il entraine les âmes les plus lentes. Mais quand à leur tour ces grands traits d'éloquence se sont avilis par l'usage, un langage tout simple et tout uni redevient chose singulière et mémorable. De même encore l'architecte qui veut élever un monument, c'est-à-dire un édifice destiné à conserver le souvenir d'un événement important ou d'un homme illustre, approprie cet édifice à sa fin en lui donnant une forme singulière qui le distingue nettement des constructions ordinaires. Plus cette forme le rend impropre à tout usage, mieux elle convient; de là, la supériorité évidente des obélisques et des pyramides sur les monuments où l'on a voulu joindre l'utile à l'agréable, les ponts, par exemple, ou les portes ; car enfin, qui saura dans quelques siècles si la porte a été faite pour autre chose que pour y passer !

Cette propriété des images extraordinaires explique aussi l'usage de quelques moyens mnémotechniques. On fixe le souvenir en marquant d'un caractère singulier l'image que l'on tient à conserver. Soit, par exemple, le rapport de la circonférence au diamètre, d'après Adrien Métius $\frac{355}{113}$. Je remarque qu'en commençant par le premier chiffre du dénominateur, et en allant jusqu'au dernier du numérateur, on rencontre les trois premiers nombres impairs répétés chacun deux fois ; dès lors la fraction $\frac{355}{113}$ se distingue nettement de toute autre et se retient sans peine. Ces sortes de recettes atteignent leur but d'autant plus sûrement qu'elles sont plus bizarres ; de toutes les racines grecques de Lancelot, celles que les écoliers retenaient le mieux étaient justement les plus étranges : Ὄνος, *l'âne qui si bien chante,* etc.

3° La fréquence de la répétition influe également sur la conservation et la renaissance des images. Considérons, en effet, les souvenirs que laissent ces

milliers de petits faits qui forment le tissu de notre
vie quotidienne; chaque jour, chaque heure, chaque
minute en efface; au bout d'une semaine, un jour de
la semaine précédente est représenté par deux ou trois
souvenirs tout au plus; un mois s'écoule, le nombre
en diminue encore; chaque année en emporte en passant, tant qu'enfin tout notre passé se résume en
quelques images échappées à la ruine commune.
Comme, en traversant le pays ennemi, une armée
fait tous les jours des pertes que les recrues viennent
réparer, ainsi nous traversons la vie, abandonnant à
chaque pas quelque vieux souvenir que nous rempla-
çons par une image nouvelle. Bien peu nous suivent
jusqu'au bout, car les rangs s'éclaircissent sans cesse.
Le cœur même a beau se mettre de la partie, à la fin
l'oubli triomphe. Des compagnons de notre enfance
ou de notre jeunesse, combien dont les noms mêmes
ne nous sont pas restés! Au contraire, les images
qu'une expérience quotidienne renouvelle et rajeunit
sans cesse se conservent aisément. Les personnes
avec qui l'on vit, la ville, la maison où l'on habite, la
langue que l'on parle, la science ou l'art que l'on pro-
fesse, laissent ainsi beaucoup d'images vives et fami-

lières qui sont comme le fonds solide sur quoi tout le reste repose.

Telles sont, à ce qu'il me semble, les lois principales de la conservation des images; mais si j'ajoute qu'il s'en faut bien qu'elles suffisent à tout expliquer, je n'étonnerai probablement personne. On peut dire de la mémoire le même que La Rochefoucault disait de l'amour-propre : « Quelques découvertes qu'on y ait faites, il y restera toujours bien des terres inconnues. »

D'où vient, par exemple, que quelques états pathologiques comme la fièvre, ou bien quelques narcotiques comme l'opium, favorisent le retour de certaines images? Pourquoi les différentes séries d'images ne reparaissent-elles pas avec une égale facilité? Qui dira pourquoi tel malade se souvient de tout, hors des mots, et pourquoi tel autre ne comprend plus que les mots écrits? Il semble qu'il y ait à certains endroits de la mémoire de véritables effondrements, et rien ne me serait plus facile que d'en citer de remarquables et douloureux exemples. Un pauvre étudiant ne sait plus, des quatre règles de Descartes, que la première et la dernière; à la place des deux autres, il n'y a plus dans son esprit qu'une sorte de précipice béant. Une autre fois, c'est la connaissance du grec qui s'abîme tout entière, comme il arriva à cet homme qui avait reçu un coup sur la tête bien malheureusement. On trouve des gens qui oublient leur langue maternelle et ne parlent plus que piémontais, d'autres qui perdent le souvenir d'une partie de leur existence, de quatre années par exemple, et de celles-là seulement.

M. Taine, dans son livre de l'*Intelligence*, a réuni nombre de faits pareils, tous fort curieux, et qu'on pourrait appeler les merveilles de la psychologie. « Dernièrement, dit-il, on a vu en Russie un célèbre astronome oublier tour à tour les événements de la veille, puis ceux d'un an, puis ceux des dernières années, et ainsi de suite, la lacune gagnant toujours ; il finit par ne plus se souvenir que de son enfance. Puis, par un arrêt soudain et un retour imprévu, la lacune commença à se combler ; les événements de la jeunesse redevinrent visibles, puis ceux de l'âge mûr, puis les plus récents, puis ceux de la veille, et sa mémoire était restaurée tout entière quand il mourut. »

Le même auteur compte encore l'aventure étrange d'un touriste qui, étant descendu dans une mine du Harz, perdit tout d'un coup la connaissance de l'allemand et ne la retrouva qu'après avoir dîné.

Certaines images n'apparaissent qu'en des circonstances particulières, par exemple pendant le sommeil. Il arrive assez souvent que l'on continue le même rêve pendant plusieurs nuits sans y penser le moins du monde pendant le jour; cela est très-fréquent chez les somnambules qui achèvent ainsi le travail commencé la veille. Cette sorte de dédoublement peut être si complet et si durable que la personnalité semble divisée et qu'il y a comme deux âmes dans une seule; certains fous arrivent ainsi à se croire plusieurs personnes. Leuret en a soigné un qui se croyait à la fois Napoléon, Casimir Delavigne, Picard, Andrieux, Destouche et Bernardin de Saint-Pierre.

III.

On ne peut rappeler les images à son gré, car, pour vouloir les rappeler, il faudrait déjà les avoir.

Ce qui dépend de nous, ce n'est pas de penser à quelque chose ou de n'y pas penser, mais de nous arrêter à cette pensée, de façon à l'éclairer et à la compléter, ou bien, au contraire, de nous laisser entraîner à une autre. Nous sommes tout à fait passifs dans le premier moment que l'image apparaît. Et en effet, elle n'apparaît que parce qu'elle est associée à une idée ou à une sensation présente, parce qu'elle a un point d'attache dans l'état actuel. On conçoit dès lors que la chance de renaître pour une image dépend de sa compréhension. Plus une image est riche d'idées, plus ces idées sont liées à un grand nombre d'autres, plus aussi il y a de causes capables de la rappeler. Par exemple, l'idée que j'ai de la ville de Gondokoro n'est guère associée qu'à cinq ou six autres; aussi, peut-il se passer des mois entiers sans qu'elle reparaisse. D'où vient, au contraire, que l'image de la ville de Rome me revient si souvent. C'est qu'elle est jointe à une multitude d'autres; c'est qu'il y a pour ainsi dire dans mon esprit toutes sortes d'avenues qui y conduisent: qu'il s'agisse de droit, d'histoire, de littérature, de politique, presque toujours je vois, au bout de la perspective, Rome. Les idées religieuses m'y ramènent aussi bien que les souvenirs profanes, si bien qu'il ne se passe peut-être pas un jour sans que je pense à cette ville au moins une fois.

IV.

Reconnaître une image, c'est savoir qu'on l'a déjà eue. Maintenant, comment peut-on le savoir? C'est bientôt fait de répondre, parce qu'elle ressemble à une image passée. Mais, pour apercevoir cette ressemblance, il faudrait que les deux images fussent présentes à la fois, et que l'on pût ainsi les comparer; ce qui est impossible, puisque les images passées n'existent plus. Les choses ne se passent donc point du tout comme dans la reconnaissance des objets extérieurs, où il y a vraiment deux choses en présence, une perception et une image. La reconnaissance dont il s'agit ici n'est précédée d'aucune comparaison; l'image porte avec elle les marques qui servent à la reconnaître, le critérium qui permet de décider si elle est ancienne ou nouvelle.

Or, il n'y a dans une image que deux choses : les

idées et la manière dont elles sont groupées, les pierres de l'édifice, pour ainsi parler, et son architecture. Reconnaître une image, c'est donc reconnaître à la fois ces deux choses ou seulement l'une d'elles.

D'autre part, nous savons à n'en pas douter que la reconnaissance ne porte pas sur les idées considérées en elles-mêmes, puisque l'on peut être sûr d'avance qu'elles sont toujours anciennes. C'est, en effet, un lieu commun philosophique que l'imagination ne saurait rien créer, que dès lors les éléments de l'image qui semble la plus originale ont déjà fait partie d'images anciennes, et pour reprendre la métaphore dont on s'est servi plus haut, qu'il n'y a point dans le nouvel édifice de matériaux qui ne proviennent de quelque démolition. Ce que l'on reconnaît dans une image, c'est donc la structure intérieure, l'arrangement des idées, le mode suivant lequel elles sont associées. Il s'agit en somme de savoir si c'est pour la première fois que les mêmes idées se présentent à nous groupées d'une certaine façon.

Or, il n'est qu'un moyen de nous en assurer : c'est de voir si ces idées ont une tendance à demeurer unies et dans le même ordre, si elles résistent aux efforts que l'on fait pour les désunir ou pour en modifier l'arrangement. Cette tendance est en effet un signe manifeste que précédemment déjà elles ont été associées dans cet ordre, et ont contracté alors cette adhérence qui ne permet plus de les séparer. Veut-on faire quelque changement? La première combinaison s'impose de nouveau ; on dirait un corps en équilibre stable qui, sitôt qu'on l'abandonne à lui-même, revient à la position dont on l'avait un instant écarté.

Si, au contraire, une image se prête sans résistance à tous les caprices, si les idées qui la composent sont indifférentes à tout ordre dans lequel il plaise de les ranger, si l'on peut s'en jouer à son gré, en retrancher quelque partie ou, au contraire, la compléter et l'embellir, on n'hésite pas à la regarder comme nouvelle (1).

Par exemple, il me vient à la pensée la phrase suivante : *Un cerf buvait dans une fontaine limpide.* Je la reconnais aussitôt pour mienne. C'est mon œuvre, c'est ma chose. Je puis, en effet, lui faire subir toutes

(1) Voir Gratacap : *Théorie de la mémoire.* Montpellier, 1866.

les transformations qu'il me plaît sans rencontrer de résistance. Je puis dire tout aussi bien : *Un cerf se désaltérait dans un ruisseau ;* ou bien : *Un cerf étanchait sa soif dans un étang ;* toutes ces formes me satisfont également, aucune ne me paraît plus naturelle que l'autre, aucune ne se représente spontanément après avoir été écartée. Si, au contraire, je pense à cette phrase : *Un agneau se désaltérait dans le courant d'une onde pure,* les choses ne se passent plus de la même façon. J'ai beau tâcher d'employer d'autres termes : *Un agneau buvait dans un ruisseau limpide ; un agneau se désaltérait dans une eau pure et courante ;* je demeure inquiet et mécontent ; tout de suite je retourne à la phrase primitive, et à cela je reconnais que c'est bien à un souvenir que j'ai affaire. Aussi, arrive-t-il souvent que l'on s'y trompe, lorsque, pour une cause ou pour une autre, une image vraiment nouvelle présente la fixité qui est le caractère ordinaire des souvenirs, comme on l'observe quelquefois pour les images très-vives.

Reconnaitre une image revient donc, en dernière analyse, à constater une association plus ou moins étroite entre ses parties.

Une fois averti par là que c'est bien à un souvenir que l'on a affaire, il ne reste plus qu'à compléter ce souvenir en le rattachant aux images qui l'ont autrefois précédé ou suivi, en le replaçant pour ainsi dire dans son milieu.

En effet, lorsque l'image, dont le souvenir est la copie, s'est produite pour la première fois, elle n'était pas isolée de toute autre, et comme suspendue dans l'espace; elle avait des attaches avec une perception ou une image antérieure, comme aussi avec l'image à laquelle elle a fait place. Elle est apparue parce que l'une des idées qui la composent appartenait déjà à l'état de conscience précédent, et presque toujours elle s'en est allée parce qu'une autre de ses idées a rappelé des images auxquelles elle était associée d'ailleurs. D'où l'on voit qu'il est à peu près impossible de connaître le commencement et la fin d'une image sans connaître aussi quelque peu celles qui sont venues immédiatement avant ou après.

L'association que ces images ont conservée avec l'image intermédiaire est quelquefois assez forte pour que celle-ci, en reparaissant, suggère tout de suite les autres; parfois aussi, lorsque cette association est trop faible, il faut lui venir en aide en passant en revue rapidement toutes sortes d'idées plus ou moins voisines de celle dont on cherche la place.

Ce travail de recherche est moins long qu'on ne le supposerait, parce qu'à force de le répéter, on finit par distribuer les souvenirs en un grand nombre de groupes subordonnés les uns aux autres, et que, grâce à cette classification, on sait presque toujours du premier coup de quel côté il faut chercher. Les longs tâtonnements sont supprimés. La mémoire est donc d'autant plus prompte que les souvenirs sont rangés dans un meilleur ordre, et dans un ordre que l'usage a rendu plus familier.

Lorsqu'un botaniste exercé a cueilli une fleur, il voit tout de suite à quelle sorte de plante il a affaire, à une crucifère ou à une papillonacée, et dès lors il n'a plus à chercher que dans une seule classe. On procède de même lorsqu'on recherche la place d'une image; par exemple, on la place tout d'abord dans une année, puis dans un mois de cette année, et ainsi de suite en restreignant toujours le champ des recherches. Les vicissitudes des saisons et des années sont les points de repère les plus ordinaires. Les événements notables

de la vie, comme les changements de résidence, les
maladies, la mort des parents ou des amis, en fournissent d'autres. Chacun a en quelque sorte sa recette
pour se retrouver ainsi au milieu du passé.

Ce travail est singulièrement aidé par la propriété
qu'ont certaines images d'être négatives à la fois d'un
grand nombre d'autres. Il ne faut d'ordinaire qu'un
instant pour intercaler l'image dont on cherche la
place, entre deux autres, si bien que l'on n'ait plus à
chercher en deçà de la première ou au delà de la
seconde. Je pense à un voyage que j'ai fait en Alle-
magne ; c'était avant la dernière guerre, par conséquent avant le mois de juillet 1870 ; mais j'ai fait ce
voyage en compagnie de X..., que je connais seulement depuis le mois de novembre 1868 ; j'ai ainsi les
deux limites extrêmes entre lesquelles la date cherchée
est certainement comprise.

CHAPITRE X

I. Formation d'images nouvelles par l'oubli. — II. Par l'intermédiaire d'idées communes ou par les deux moyens précédents à la fois. — III. Rêverie. — IV. Constructions en vue
de l'utile. — V. En vue du vrai. — VI. En vue du bien.

I.

La puissance de l'imagination n'est point bornée à
une reproduction servile du passé. Elle crée à chaque
instant des images nouvelles; parlons-en mieux, elle
sépare les idées qui étaient unies, elle unit celles qui
étaient séparées; elle analyse, elle abstrait, et du dé-
bris des anciennes conceptions, elle édifie d'autres
images pour les renverser à leur tour. Les choses se
passent à peu près comme dans la nature, où des
terrains nouveaux se forment sans cesse de l'usure
des vieilles roches.

Ce n'est point peut-être que l'imagination ne puisse en certains cas créer des idées tout à fait neuves. Il faut pourtant convenir que ces conceptions originales ne se rencontrent guère et que le pouvoir créateur de l'esprit s'exerce bien moins sur la matière que sur la forme des images.

L'imagination créatrice, en prenant le mot dans ce sens restreint, n'est point un pouvoir spécial de l'âme ; elle ne dispose pas d'autres moyens que de ceux qui ont été précédemment décrits. Les lois ordinaires de l'association des idées et de la mémoire doivent donc suffire à expliquer la naissance de nouvelles images ; et pourvu que j'aie réussi à les faire bien entendre, je serai dispensé d'entrer à présent dans un trop long détail.

On a déjà vu au chapitre de la mémoire que les différentes idées, bien que toutes capables de conservation et de renaissance, ne le sont cependant point au même degré. Par exemple, les idées de la vue sont plus vivaces que toutes les autres, et parmi les idées de même espèce, ce sont les plus fortes qui se conservent le mieux. On conçoit donc que si quelques-unes des idées qui entrent dans la composition d'une

image viennent à s'effacer dans le temps que les autres se conservent, une image nouvelle apparaîtra,
plus simple à la vérité, puisque l'oubli l'aura en quelque sorte dépouillée et appauvrie, mais formée, en
récompense, de traits plus nets, mieux accusés, et
que l'esprit saisit plus facilement, n'étant plus contraint de les démêler parmi les autres. Ainsi le temps
idéalise peu à peu les images en les simplifiant. On
dirait qu'il étend sur elles cette patine uniforme qui
recouvre les vieux tableaux. Les couleurs perdent
leur éclat, les finesses et les curiosités de l'art disparaissent ; mais les grands traits demeurent, et leur
ensemble forme en quelque sorte une œuvre originale.

Il est aisé de trouver des exemples de ces images,
neuves en apparence, et qui ne diffèrent d'images
anciennes que par l'absence de certains éléments qui
appartenaient au groupe primitif. Tel peintre croit
tirer un paysage tout entier de son imagination, qui
fait œuvre de mémoire sans y prendre garde, et des-
sine véritablement d'après nature. Il est portant injuste
de prétendre qu'une pareille imitation soit tout à fait
servile, et en vérité le peintre représente autre chose

que ce qu'il a vu. Regardez en effet son ouvrage, vous verrez qu'il a négligé les traits les plus insignifiants et les plus communs de la nature. Supposez-le aussi réaliste qu'il vous plaira, l'oubli lui rendra pourtant le même service qu'une conception idéale rend aux esprits véritablement créateurs ; il éliminera ce qui est faible, médiocre, sans valeur expressive ; il ménagera le grand et le beau. Dans ce combat continuel que les idées se livrent pour la vie, les plus nettes et les plus vives remportent enfin la victoire ; et par là le temps simplifie et embellit toutes les images qu'il conserve. C'est peut-être, pour le dire en passant, une des raisons qui font que les premiers souvenirs de la jeunesse ont tant de charme. Ils subissent en effet une élaboration plus longue, qui les dépouille mieux de ce qu'ils avaient d'abord de laid et de vulgaire. « Les ans m'entraînent s'ils veulent, dit Montaigne, mais à reculons : autant que mes yeulx peuvent recognoistre cette belle saison expirée, je les y destourne à secousse : si elle eschappe de mon sang et de mes veines, au moins n'en veux-je desraciner l'image de la mémoire. »

On peut croire que la vieillesse ne laisserait guère

moins de regrets, si l'homme, commençant la vie par là, allait rajeunissant sans cesse. En vain chaque année lui apporterait une vigueur nouvelle, en vain il verrait de jour en jour ses rides s'effacer, et sa tête chenue se parer de cheveux blonds qu'elle n'aurait jamais connus, il conserverait toujours un tendre souvenir de cet âge de doux repos, de sagesse paisible et recueillie ; il maudirait les années inexorables qui l'en éloignent pour le précipiter dans les passions et les orages de la jeunesse. Il se plairait à conter aux vieillards qui entreraient à leur tour dans la vie les respects dont il était jadis entouré ; il soupirerait en songeant à la belle chevelure blanche qui lui donnait un air si vénérable ; il oublierait les infirmités et les longs ennuis de ses premières années, ou s'il s'en souvenait, ce serait pour répéter le vers mélancolique :

« Nous étions malheureux ; c'était là le bon temps ! »

II.

De nouvelles images résultent aussi de l'adjonction à une image précédemment formée de quelques idées qui, d'abord, ne lui appartenaient point. On comprendra sans peine qu'une image puisse s'enrichir de cette façon, si l'on se souvient de ce qui a été dit au sujet des idées qui font partie à la fois de deux groupes différents et servent ainsi à les unir. Concevons les deux groupes ABC, CDE, on voit bien que grâce à l'idée commune C, il doit se former un ensemble nouveau ABCDE réunissant en lui seul la compréhension des deux autres.

Par exemple, on lit dans le premier chant de l'*Art poétique* les vers bien connus :

> « Malherbe d'un héros peut vanter les exploits,
> « Racan chanter Philis, les bergers et les bois ;
> « Mais souvent un esprit qui se flatte et qui s'aime
> « Méconnaît son génie et s'ignore soi-même,
> « Ainsi, tel autrefois qu'on vit avec Faret
> « Charbonner de ses vers..... »

On lit ceux-ci dans le troisième :

> « Souvent, sans y penser, un écrivain qui s'aime
> « Forme tous ses héros semblables à soi-même,
> « Tout à l'humeur gasconne en un auteur Gascon. »

Les mots communs : « qui s'aime, soi-même », sont souvent cause que les deux tirades s'unissent étroitement dans l'esprit et que maint écolier récite ce qui suit :

« Mais souvent un esprit qui se flatte et qui s'aime
« Forme tous ses héros semblables à soi-même,
« Tout à l'humeur gasconne en un auteur Gascon. »

Est-il besoin d'ajouter que les deux moyens qu'on vient de décrire peuvent concourir à la formation d'une image? Supposons les deux groupes A B C, C D E. Il peut se faire que l'oubli enlève au premier l'idée A, au second l'idée E, pendant que l'idée commune C réunit en une seule image B C D ce qui reste des deux. La compréhension de cette image se forme donc de traits empruntés aux deux composantes, sans qu'aucune subsiste tout entière. C'est, par exemple, ce qui se passe lorsqu'en regardant une statue de bronze, on en imagine une d'or. Il faut évidemment que l'esprit se détourne de la forme de tous les objets d'or dont il se souvient, comme aussi de la couleur de la statue ; on ne peut en effet penser le même objet comme ayant à la fois deux couleurs et deux formes. Cette double abstraction achevée, il ne reste plus qu'à unir ce qui subsiste des images ainsi réduites.

III.

Il n'est pas besoin que la volonté et la réflexion interviennent dans la formation des nouvelles images; l'imagination livrée à elle-même ne laisse pas d'en créer. Sous l'empire de mille causes inconnues, elle se met en campagne sans nous demander congé, et avec une rapidité prodigieuse, parcourt la carrière infinie qui lui est ouverte. C'est tantôt un sentiment confus qui lui donne l'éveil, tantôt une sensation qui effleure la conscience; une ressemblance, un mot lui ouvrent des perspectives immenses, et alors, si on ne la retient de vive force, elle s'envole. La volonté même est souvent impuissante à arrêter son essor; la contrainte exercée sur elle est si pénible et si fatigante que l'on y renonce à chaque instant. Profitant de sa liberté, elle se joue capricieusement du temps et de l'espace, le présent disparait, les souvenirs pénibles reculent, et à leur place les chimères agréables succèdent de toutes parts; une page de roman vient remplacer un passage ennuyeux de notre histoire. On

sait de quels rêves charmants Perrette, allant à la
ville, charme les ennuis du chemin :

> « Comptant déjà dans sa pensée
> « Tout le prix de son lait, en employait l'argent,
> « Achetait un cent d'œufs, faisait triple couvée,
> « La chose allait à bien par son soin diligent.
>   « Il m'est, disait-elle, facile
> « D'élever des poulets autour de ma maison ;
>   « Le renard sera bien habile
> « S'il ne m'en laisse assez pour avoir un cochon.
> « Le porc à s'engraisser coûtera peu de son ;
> « Il était, quand je l'eus, de grosseur raisonnable ;
> « J'aurai, le revendant, de l'argent bel et bon.
> « Et qui m'empêchera de mettre en notre étable,
> « Vu le prix dont il est, une vache et son veau ? »

Doucement bercé par le carrosse qui l'emporte
avec son défunt seigneur, le curé Chouart suppute ce
qu'un si bel enterrement lui vaudra « tant en argent
et tant en cire, et tant en autres menus coûts », et
là-dessus, il fonde, entre autres joyeuses espérances,
l'achat d'une feuillette de bon vin.

Avec une ambition plus haute et bien moins inof-
fensive, Pyrrhus voit Rome prise, la Sicile lui tendant
les bras, Syracuse recevant ses vaisseaux, Carthage

conquise, et le glorieux repos qui suivra tant de victoires.

Picrochole emporte sans résistance villes, châteaux
et forteresses, conquiert Espagne et Portugal, arrive
au détroit, et là, érige des colonnes plus magnifiques
que celles d'Hercule, à perpétuelle mémoire de son
nom, « et sera nommé cestuy destroit la mer Picrocholine ». Passée la mer Picrocholine, reçoit Barbe-
rousse à mercy pourvu qu'il se veuille faire baptiser;
entre à Jérusalem et rebâtit le temple de Salomon,
traverse la Syrie. Une chose l'inquiète pourtant :
que boira-t-il en ces déserts? « Nous, dirent ses
conseillers, avons ia donné ordre à tout. Par la mer
Syriace, vous auez neuf mille quatorze grands naufs
chargées des meilleurs vins du monde. Elles ar-
riuarent à Iaphes. Là se sont trouuez vingt et deux
cens mille chameaulx et seize cens éléphans, lesquelz
auez prins à une chasse enuiron Sigeilmes, lorsque
entrastes en Lybie, et d'abundant eustes toute la
carauane de la Mecha, ne vous fournirent ils de vin
à suffisance? — Voyre. Mais, dit-il, nous ne bûsmes
point frais. — Par la vertu, dirent-ilz, non pas d'ung
petit poisson, ung preux, ung conquérent, un pré-

tendent et aspirant à l'empire uniuers, ne peult tou-
siours auoir ses ayses. Dieu soit loué qu'estes venu
vous et vos gens, saufz et entiers iusques au fleuue
du Tigre. »

Je sais bien, je ne sais que trop que le lait de Perrette tombe par terre et ensemble sa fortune ; que
M. de Boufflers écrase le pauvre Chouart ; que Pyrrhus vient se briser contre la constance romaine ; que
Gargantua renverse Picrochole avec tous ses rêves de
grandeur. Qu'importe, si, tant qu'a duré leur rêve,
Perrette, Chouart et Picrochole ont été heureux !
Nul désenchantement ne peut faire qu'ils n'aient
connu le bonheur, du moins pendant ce petit instant,
et qu'ils n'aient entrevu la terre promise où le sort
ne leur permettait pas d'entrer. La joie que nous procure une chimère, cette joie du moins n'est pas une
chimère, et c'est autant de gagné sur les maux que
peut nous réserver l'avenir. Puisqu'il était écrit que
Chouart périrait étouffé par son seigneur, ne valait-il
pas mieux que le pauvre homme occupât d'agréables
pensées ce court répit que la mort lui laissait ; et le
plomb qui l'écrasa eût-il pesé moins lourdement sur
lui si ce reste de vie eût été donné à l'inquiétude et

au chagrin ? Puisque l'espérance du bonheur ne le fait pas fuir, puisque l'attente du malheur ne saurait le désarmer, pourquoi nous défendre d'arranger l'avenir à notre gré, et pourquoi nos craintes iraient-elles au-devant d'un malheur qui viendra toujours assez tôt ?

Mme de Sévigné écrit, je le sais, que les longues espérances usent la joie ; mais compte-t-elle donc pour rien les joies de l'espérance même ? Et puis, le bonheur imprévu saisit et étonne plus encore qu'il ne réjouit. C'est un soleil sans aurore. Au contraire, le bonheur longtemps attendu pénètre l'âme d'une douce chaleur, et, ne durât-il qu'un instant, il se répand en quelque sorte sur la vie tout entière, grâce à l'espérance qui l'annonce et au souvenir qui le conserve.

Assurément, toute rêverie n'est point faite pour plaire. Il en est de tristes, il en est surtout d'indifférentes et où l'esprit semble consumer inutilement ses forces. Mais cette agitation, stérile en apparence, a pourtant elle-même son utilité. Par elle, tous les objets dont l'âme retient les traces repassent de temps en temps par une espèce de circuit. Ce retour ravive leurs couleurs et prévient l'oubli. N'est-ce pas d'ailleurs au milieu de cet amas confus d'images de toute sorte que l'esprit fait son choix et démêle les pensées auxquelles il lui convient de s'attacher? Que d'inventions utiles, que de grandes découvertes, que de chefs-d'œuvre d'art ou de poésie sont nés de ces rêveries, que ceux-là seuls jugent vaines et frivoles qui ne les connaissent que par ouï-dire! Sans doute, elles n'aboutissent pas toujours, mais il suffit qu'elles aboutissent quelquefois. Des milliers de semences qui tous les ans tombent d'un arbre, combien périssent inutiles, tant qu'enfin une plus vivace ou tombée dans un meilleur terrain, germe, grandit et se charge à son tour de semences fécondes!

IV.

Au lieu de laisser l'esprit errer ainsi à l'aventure et pour ainsi dire la bride sur le cou, on peut l'appliquer expressément à concevoir une idée utile, vraie, belle ou bonne. Observons cependant que cette conception volontaire, réfléchie, doit toujours être précédée d'une image spontanée plus ou moins confuse. C'est seulement parce que cette première image paraît

intéressante que l'esprit s'y attache, la complète ou
en retranche quelque chose, la rectifie enfin, de manière à l'approprier à sa fin. Avant de concevoir le
plan détaillé du premier bateau à vapeur, l'inventeur
entrevit sans doute l'image confuse d'un navire luttant
victorieusement contre les vagues et marquant son
passage d'un long panache de fumée ; et c'est parce
qu'il demeura frappé de cette idée, qu'il s'appliqua à
imaginer une combinaison grâce à laquelle elle cessât
d'être une chimère.

Parmi les fins diverses vers lesquelles on dirige
ainsi de vive force le cours capricieux de l'imagination,
il faut citer tout d'abord les moyens propres à satisfaire les inclinations, les appétits avec les besoins multiples qu'ils entraînent. Il n'est guère d'instants où
l'on ne soit occupé à imaginer des moyens directs
ou indirects d'accroître son bien-être ou de diminuer
ses peines ; les cas où l'on se propose un but plus
noble sont en somme une rare exception, même chez
les hommes dont l'esprit est resté le plus ouvert aux
recherches désintéressées.

La mémoire toute seule suffit lorsque des voies
déjà connues conduisent au but désiré. Le rôle de

l'imagination créatrice, ou si l'on aime mieux de l'invention, commence dès qu'il s'agit d'explorer une voie nouvelle, parce que de nouveaux désirs s'éveillent, ou qu'il s'agit de donner aux mêmes désirs une satisfaction plus prompte et plus entière. Pour cela, il faut parcourir un grand nombre d'images, tâter pour ainsi dire toute la nature et remuer toutes les inventions humaines, jusqu'à ce qu'une idée se présente qui paraisse appropriée à notre dessein; puis il faut mettre cette idée à l'épreuve d'une critique sévère, et comme il est rare que la première combinaison venue soit justement celle qui convient, il faut continuer la recherche, améliorer cette image, ajouter et retrancher. Il faut l'abandonner résolûment quand, malgré toutes ces retouches, elle ne semble pas encore satisfaisante. Il faut recommencer alors le même travail sur une autre, puis sur une troisième, sans impatience et sans découragement. Il faut frapper à toutes les portes, soutenu par l'espérance que quelqu'une finira par s'ouvrir; il faut suivre des séries d'idées qui paraissent d'abord fort étrangères à la question. On trouve parfois sans peine là où l'on ne s'avisait même pas de chercher. L'étude de l'action des courants sur les aimants a permis d'établir entre l'Europe et l'Amérique une communication instantanée, et il n'est pas sûr que l'observation des taches du soleil ne donnera pas un jour le moyen de prédire les tempêtes. C'est au savant plus qu'à tout autre qu'il convient de répéter les jolis vers d'Ovide :

> « Casus ubique latet, semper tibi pendeat hamus ;
> « Quo minime credis gurgite piscis erit.
> « Sæpe canes frustra nemorosis saltibus errant,
> « Inque plagas nullo cervus agente cadit. »

Dans un siècle où la science, faible à la fois et ambitieuse, promettait plus qu'elle ne semblait pouvoir tenir, Socrate avait peut-être le droit de distinguer des sciences utiles et des sciences frivoles propres seulement à satisfaire une vaine curiosité (1). L'homme

---

(1) « Il disait qu'il fallait apprendre la géométrie jusqu'à ce qu'on fût capable de mesurer exactement, au besoin, une terre que l'on veut acheter, vendre, diviser ou labourer ; et, selon lui, c'est une chose si facile à apprendre, que, pour peu qu'on s'applique à l'arpentage, on connaît bien vite et la grandeur de la terre et la manière de la mesurer. Mais qu'on poussât l'étude de la géométrie jusqu'aux problèmes les plus difficiles, c'est ce qu'il désapprouvait : il disait qu'il n'en voyait point l'utilité. Ce n'est pas qu'il les ignorât lui-même ; mais il prétendait que

qui ,· aujourd'hui , prétendrait maintenir cette distinction, témoignerait par là qu'il est un ignorant ou un sot.

---

la recherche de ces problèmes est faite pour consumer la vie de l'homme et le détourner d'une foule d'autres études utiles. Il recommandait d'apprendre assez d'astrologie pour reconnaître les divisions de la nuit, du mois et de l'année, en cas de voyage ou de navigation ou de garde, et afin d'avoir des points de repère pour tout ce qui se fait la nuit, dans le mois ou dans l'année, grâce à la connaissance du temps affecté à ces divisions ; il ajoutait qu'il était facile d'apprendre ces points auprès des chasseurs de nuit, des pilotes, de tous les gens enfin qui ont intérêt à le savoir. Quant à l'astronomie et aux recherches qui concernent les globes placés en dehors de la rotation de notre ciel, à savoir les astres errants et sans règle, leur distance de la terre, leurs révolutions et les causes de leur formation, il en dissuadait fortement, disant qu'il n'y voyait aucune utilité. Cependant il n'était point étranger à ces connaissances ; mais il répétait qu'elles étaient faites pour consumer la vie de l'homme et le détourner d'une foule d'études utiles. En général, il empêchait de se préoccuper outre mesure des corps célestes et des lois suivant lesquelles la divinité les dirige. Il pensait que ces secrets sont impénétrables aux hommes, et qu'on déplairait aux dieux en voulant sonder les mystères qu'ils n'ont pas voulu nous révéler : il disait qu'on courait le risque de perdre la raison en s'enfonçant dans ces spéculations, comme l'avait perdue Anaxagore avec ses grands raisonnements pour expliquer les mécanismes des dieux. Lorsque celui-ci, en effet, prétendait que le soleil est la même chose que le feu, il igno-

Il faut lire à ce sujet les réflexions de Fontenelle :
« Les anciens ont connu l'aimant, mais ils n'en ont
connu que la vertu d'attirer le fer, soit qu'ils n'aient
pas fait beaucoup de cas d'une curiosité qui ne les
menait à rien, soit qu'ils n'eussent pas assez le génie
des expériences, ils n'ont pas examiné cette pierre
avec assez de soin. Une seule expérience de plus leur
apprenait qu'elle se tourne d'elle-même vers les pôles
du monde, et leur mettait entre les mains le trésor

---

rait que les hommes regardent facilement le feu, tandis qu'ils
ne peuvent regarder le soleil en face, et, de plus, que les rayons
du soleil noircissent la peau, effet que le feu ne produit pas :
il ignorait aussi que la chaleur du soleil est nécessaire à la vie
et à l'accroissement des productions de la terre, tandis que
celle du feu les fait périr : quand il disait que le soleil est une
pierre enflammée, il ignorait encore que la pierre, exposée au
feu, ne donne pas de flamme et ne résiste pas longtemps, tandis que le soleil ne cesse pas d'être de tout temps le plus brillant
de tous les corps. Socrate conseillait d'étudier la science des
nombres ; mais il recommandait, comme pour les autres sciences,
de ne pas s'engager dans de vaines recherches, et il examinait
et discutait avec ses disciples jusqu'à quel point toutes les connaissances peuvent être utiles. » (Xénophon, *Mémoires sur Socrate*,
livre IV, chap. VII.)

Platon prête à Socrate des idées plus relevées, mais il semble
bien parler en son propre nom. (*République*, liv. VII.)

inestimable de la boussole. Ils touchaient à cette découverte si importante qu'ils ont laissée échapper; et
s'ils avaient donné un peu plus de temps à une curiosité inutile en apparence, l'utilité cachée se déclarait.

« Amassons toujours des vérités de mathématiques
et de physique au hasard de ce qui en arrivera,
ce n'est pas risquer beaucoup; il est certain qu'elles
sont puisées dans un fonds d'où il en est déjà sorti
un grand nombre qui se sont trouvées utiles. Nous
pouvons présumer avec raison que de ce même fonds
nous en tirerons plusieurs, brillantes dès leur naissance, d'une utilité sensible et incontestable. Il y en
aura d'autres qui attendront quelque temps qu'une
fine méditation ou un heureux hasard découvre leur
usage, il y en aura qui, prises séparément, seront sté-
riles, et ne cesseront de l'être que quand on s'avisera
de les rapprocher. Enfin, au pis aller, il y en aura qui
seront éternellement inutiles.

« J'entends inutiles, par rapport aux usages sensibles
et, pour ainsi dire, grossiers; car du reste elles ne le
seront pas. Un objet vers lequel on tourne uniquement les yeux en est plus clair et plus éclatant quand
les objets voisins, qu'on ne regarde pourtant pas, sont

éclairés aussi bien que lui. C'est qu'il profite de la lumière qu'ils lui communiquent par réflexion. Ainsi les découvertes sensiblement utiles, et qui peuvent mériter notre attention principale, sont en quelque sorte éclairées par celles qu'on peut traiter d'inutiles. Toutes les vérités deviennent plus lumineuses les unes par les autres. »

On comprendra mieux encore la justesse de ces réflexions si l'on songe que la découverte des moyens ne se rattache, en général, par aucun lien logique à l'idée de la fin à atteindre ou des moyens précédemment employés pour en approcher. Si l'on eût proposé à des hommes spéciaux ce problème : Trouver une méthode prompte et sûre pour communiquer en tout temps à de grandes distances, il est probable que c'est dans un perfectionnement des anciens télégraphes qu'ils eussent cherché la solution ; ils eussent recommandé de faire les tours plus hautes, les lunettes plus puissantes ; ils eussent peut-être proposé des signaux lumineux pour transmettre les dépêches de nuit. La vraie solution fut trouvée le jour où quelqu'un s'avisa de tendre au-dessus d'une aiguille aimantée un fil de cuivre traversé par un courant.

On chercha longtemps à augmenter la puissance des armes de guerre en perfectionnant l'arbalète; puis la poudre fut inventée qui rendit l'arbalète inutile. Si l'art militaire dispose un jour d'instruments beaucoup plus redoutables que les machines fort imparfaites dont il use encore aujourd'hui, on peut mettre beaucoup en gage que ces engins admirables ne seront ni des canons ni des fusils perfectionnés, mais quelque autre outil fondé sur un principe tout différent et dont la découverte sera due peut-être à un botaniste ou à un peintre. On peut même prédire presque à coup sûr que l'homme qui trouvera cette façon simple, rapide et commode de se tuer mutuellement, ne sera ni un officier ni un armurier, justement parce que les officiers et les armuriers mettront tous leurs soins à améliorer les armes anciennes.

Comme il n'arrive guère que des besoins tout à fait nouveaux éclatent à l'improviste, il est rare aussi que les inventions apparaissent tout d'un coup et s'élancent tout armées de l'esprit de leurs auteurs, comme Minerve du cerveau de Jupiter. Comme on possède déjà des moyens qui conduisent au but tant bien que mal, il est naturel de s'attacher de préférence à perfectionner ces moyens plutôt que d'aller, comme à tâtons, en chercher d'autres. Alors même que le hasard en suggère d'absolument nouveaux, le souvenir des moyens employés naguère ne cesse de hanter l'esprit de l'inventeur. Je n'en veux pour preuve que la difficulté avec laquelle les inventions les plus originales s'affranchissent de l'imitation des choses qu'elles sont destinées à remplacer; presque toujours, dans la combinaison nouvelle, des éléments subsistent qui n'ont plus aucune raison d'être, mais dont il semble longtemps impossible de se passer. Quand on substitua la pierre au bois dans la construction des temples, on ne laissa pas de conserver un genre d'architecture devenu fort inutile avec les nouveaux matériaux; de là, par exemple, les triglyphes et les gouttes. Lorsqu'on voulut construire des wagons, on s'attacha à leur donner la forme de voitures, bien que cette forme ne fût peut-être pas la mieux appropriée au noûveau mode de traction; l'on sait aussi que les premiers constructeurs de télégraphes électriques s'évertuèrent longtemps à leur faire reproduire les signaux des télégraphes aériens.

V.

L'imagination, « cette maîtresse d'erreur », n'est pas cependant sans employer souvent ses forces à la recherche de la vérité; si elle enfante les idées fausses, elle aide aussi à trouver les vérités qui finissent par les détruire. Comme la lance d'Achille, elle guérit les maux qu'elle a faits. Sans son secours, aucune recherche scientifique ne serait possible. On peut même assurer que, dans les sciences inductives, c'est elle qui joue le premier rôle. Comment, en effet, procèdent ces sciences? Elles partent d'une observation; cette observation suggère une idée sur sa cause, une hypothèse, puis cette hypothèse est soumise au contrôle de l'expérience, c'est-à-dire d'une seconde observation qui décidera si l'hypothèse est vraie ou fausse. La méthode inductive comprend donc trois opérations successives, toutes trois indispensables : il faut une observation pour suggérer une hypothèse, et il faut une expérience pour la vérifier; mais ne voit-on pas que la maîtresse partie et pour ainsi dire l'âme de

toute cette recherche, c'est l'hypothèse, puisqu'enfin
c'est elle qui doit entrer dans la science une fois
qu'elle aura justifié de ses titres à prendre le nom de
loi? L'observation est à peu près stérile tant qu'elle
ne suggère point une idée sur sa cause; et il faut
quelque chose qui détermine à tenter une expérience
plutôt qu'une autre (1).

La nature ne répond qu'à celui qui l'interroge, et

---

(1) Le penchant aux théories est fécond par les recherches
qu'il suscite. Les additions qu'il nous fait faire à la réalité, quand
il nous la fait dépasser dans nos explications, sont le produit de
notre travail intellectuel, notre œuvre personnelle, notre propriété, une partie de nous-mêmes, en laquelle nous mettons
notre complaisance, que nous aimons, que nous désirons fortifier, étendre, protéger contre toute attaque. Nous en cherchons
donc l'extension et la confirmation dans l'étude des phénomènes de tout ordre, dans la comparaison incessante avec les
données de l'expérience fortuite, consultée, interrogée et provoquée; enfin dans la discussion et la réfutation des théories
différentes. Mais, au lieu de découvrir ce que nous cherchons,
ce que nous nous ingénions à découvrir, des faits à l'appui de
notre théorie, nous en trouvons souvent de tout autres, de
nouveaux, d'imprévus, qui l'enferment, la contredisent, nous
en démontrent l'imperfection, nous forcent à la modifier, à l'a-
bandonner pour lui en substituer une autre qui corresponde à
la réalité mieux connue. (A. Biéchy : *l'Induction*, 74. Paris,
Delagrave, 1869.)

ne livre ses secrets qu'à l'audace heureuse qui les lui
arrache à force d'importunités. La logique apprend
seulement à interpréter ses réponses. C'est l'imagination qui suggère les questions dont il convient de la
presser. Il n'est pas d'autre recette pour trouver des
idées neuves et fécondes; elles naissent d'un heureux
instinct et comme d'un secret pressentiment des lois,
d'autant moins trompeur qu'il suit des observations
plus exactes et une science plus étendue. Plus l'imagination suggère d'hypothèses, plus il y a de chances
que quelqu'une enfin se trouve vraie, et toute erreur
scientifique vient d'une stérilité d'esprit qui empêche
de concevoir toutes les explications possibles d'un
phénomène, comme toute erreur pratique vient de ce
que l'on n'en prévoit pas toutes les suites. Ce n'est
donc point pour avoir trop d'imagination que l'on se
trompe, c'est pour en avoir trop peu; et si bien des
gens d'imagination tombent dans des erreurs ou des
fautes, c'est qu'ils n'ont pas encore autant d'imagination qu'il faudrait.

L'hypothèse une fois conçue, l'imagination a-t-elle
achevé sa tâche? Il le semble au premier abord. En
effet, la vérification est quelquefois si facile que la dé-

couverte est à vrai dire tout entière contenue dans
l'hypothèse; il suffit de penser que cela pourrait bien
être, pour voir tout aussitôt que cela est. Dès qu'on
se fut avisé que l'air était peut-être pesant, on dut
concevoir d'abord la suite des expériences propres à
vérifier cette supposition. Le point était de concevoir
une idée qui semblait démentie par le témoignage des
sens, qui heurtait de front des autorités fort respecta-
bles, et la plus antique, la plus respectable de toutes,
le sens commun. Une fois ce pas franchi, l'expérience
se présentait d'elle-même et allait en quelque sorte
au-devant de l'hypothèse. Mais il n'en est pas toujours
ainsi, et bien souvent l'imagination ne trouve pas
moins à s'exercer dans la conception de l'expérience
que dans celle de l'hypothèse. On ne rencontre point
tout d'un coup cet ensemble choisi de circonstances
qui ne laissent plus à la vérité poursuivie de retraite
où elle se puisse cacher. Vérifier une hypothèse, en
effet, c'est en déduire une conséquence, prédire que
cette conséquence arrivera dans un cas donné et voir
si la prédiction est juste. Mais, parmi ces conséquences, les unes résultent de circonstances trop difficiles
à réaliser; d'autres sont si éloignées, si indirectes, elles

exigent le concours de tant de causes que l'on ne sait trop ce qu'il faut conclure du succès ou de l'insuccès de l'expérience. Ces chances d'erreur se multiplient à mesure que les phénomènes sont plus complexes et dépendent de causes plus nombreuses; on voit, par exemple, combien il est malaisé d'interpréter le résultat d'une expérience faite sur des êtres vivants.

Plus l'esprit du savant lui suggérera de conséquences diverses de son hypothèse, plus aussi il aura de chance d'en rencontrer quelqu'une d'une vérification facile. La même fécondité d'imagination lui fera trouver encore les moyens pratiques de mener l'expérience à bonne fin, les instruments les plus commodes, les plus simples, les moins coûteux. Elle le rendra avisé et inventif, ingénieux dans la disposition des appareils, plein de ressources pour suppléer à ce qui lui manque, se passer des outils qu'il n'a pas, en détourner d'autres de leur usage primitif pour les faire servir à ses desseins. Je ne sais plus qui disait que le vrai savant doit savoir percer avec une scie et scier avec une vrille; et, de fait, c'est souvent un signe de médiocrité que d'encombrer son laboratoire d'un luxe de machines, de fourneaux, d'outils bizarres et compliqués. La science a rarement besoin d'un si grand appareil. C'est plaisir, au contraire, de voir un habile homme aux prises avec de méchants instruments : comme il sait se faire obéir de ces serviteurs indociles, comme il brise leur résistance, comme il en obtient des services qu'ils semblaient incapables de rendre et qu'ils refuseraient à tout autre qu'à lui! On dirait un grand général qui inspire son âme à de mauvais soldats et sait avec eux accomplir de grandes choses.

Il est inutile d'insister longuement sur le rôle de l'imagination dans la méthode déductive. Si un phénomène dépendait d'une seule loi, il suffirait d'appliquer presque machinalement les règles du syllogisme pour le prédire à coup sûr; la conclusion jaillirait du simple rapprochement des prémisses. Mais il n'en va pas ainsi, et chaque fait particulier résulte pour ainsi dire d'une superposition de lois dont il faut n'omettre aucune pour prévoir le résultat. Le volume occupé par un gramme d'hydrogène à une certaine pression dépend bien certainement de la loi de Mariotte, et peut en être déduit, mais à condition de tenir compte aussi de la température, de l'élasticité des parois, de la pureté du gaz, et d'une foule d'autres circonstances.

Il faut dès lors, pour résoudre le problème, se représenter l'ensemble des forces en présence et des lois qu'il convient d'appliquer, ce qui suppose une puissance d'imagination plus grande qu'on ne le croit d'ordinaire. Dans les sciences exactes même, il n'est pas de méthode pour trouver les propositions sur lesquelles doit se fonder la preuve d'un théorème ou la solution d'un problème. Il y faut une sorte d'inspiration assez semblable à celle de l'artiste ou du poëte. Les mathématiciens ont aussi leur muse.

VI.

La raison, d'accord avec la loi divine toujours, avec la loi humaine souvent, promulgue certaines lois sur lesquelles se doit régler la vie, certaines fins excellentes par elles-mêmes, vers lesquelles on doit tendre, et d'autres mauvaises dont on doit se détourner sous peine de déchoir. Elle nous montre une perfection à laquelle nous ne parviendrons jamais, mais dont nous devons chercher à nous rapprocher sans cesse. Voir cette perfection, et, tout en désespérant de l'atteindre, ne nous y résigner jamais, avancer vers elle en dépit des obstacles, marcher toujours alors même que des démarches contraires nous en ont éloignés, nous relever si nous sommes tombés, c'est le devoir.

Cette perfection étant considérée comme la fin suprême de la vie, c'est à l'imagination qu'il appartient de concevoir une conduite capable d'y mener. Pour cela, elle agit de la même manière que s'il fallait inventer un instrument ou découvrir la cause d'un phénomène; elle suggère diverses combinaisons, entre lesquelles on choisit celle qui semble conduire le plus sûrement au bien. Elle se règle sur certains modèles qui ont le plus approché de la perfection, ou sur le divin idéal, en qui cette perfection s'est révélée aux hommes vivante et agissante.

Après avoir montré la route, l'imagination aide encore à la parcourir. La vertu est difficile, parce que les obstacles sont présents et que le prix de la lutte est si éloigné qu'on le voit luire à peine au bout de la carrière. Les objets les plus proches nous charment et nous éblouissent si fort, que volontiers nous jugeons vaines et incertaines les récompenses promises à la pratique du bien : estime des hommes, joies de la conscience, bonheur d'une autre vie. Donner à ces conceptions, trop souvent confuses et par là même impuissantes, une netteté, une force qui permette de les opposer avec avantage aux objets présents, es-compter les joies que l'avenir réserve à l'homme de bien, l'imagination seule peut le faire. Elle nous donne comme des ailes pour franchir certains obstacles; elle ajoute à la vertu cette ardeur héroïque qui semble le privilége de la passion et sans laquelle il ne se fait rien de grand.

CHAPITRE XI

I. Sentiment du beau. Il se distingue de la sensation agréable. — II. Toutes les sensations donnent-elles le sentiment de la beauté? — III. La beauté des choses dépend de leur valeur expressive. — IV. De l'art et de l'idéal.

I.

Quand on s'attache à combiner des idées en vue de la pratique ou de la science, le but n'est pas la conception même, mais l'effet à produire, la vérité à découvrir. On recherche la conception non comme une fin, mais comme un moyen, et si l'on se réjouit de l'avoir rencontrée, c'est qu'elle conduit au but désiré. Quelquefois, aussi, l'on s'y complaît par une sorte de retour sur soi-même, et parce que l'on croit y voir une preuve de la finesse ou de la vigueur de son esprit.

Certaines images, au contraire, sont recherchées pour elles-mêmes. Elles ne mènent à aucun résultat pratique ou scientifique, il n'importe. Elles ont leur valeur propre et nous plaisent comme à un homme vigoureux et dispos une promenade sans but, dans un beau pays et sous un beau ciel.

Parmi ces images, il faut noter d'abord celles qui plaisent parce qu'elles contiennent les idées de sensations agréables. Il est doux pendant l'hiver de se figurer la chaleur pénétrante et la clarté joyeuse d'un bon feu. Après un jeûne plus ou moins long, la seule pensée d'un bon repas récrée et réjouit. On pense volontiers à une agréable combinaison de couleurs, par exemple à deux couleurs complémentaires juxtaposées, ou de sons, par exemple à un accord parfait.

Chaque sens donne ainsi des sensations agréables en l'absence de toute idée associée. Ce sont là des plaisirs qui naissent immédiatement de l'action des objets sur les organes et qui ne manquent jamais, pourvu que l'on soit dans des conditions qui permettent de les goûter. Otez ces sources primitives de jouissance, il n'y aura plus rien d'agréable d'une façon permanente, et tout plaisir dépendra des circonstances.

Mais il s'en faut bien que la qualité propre des sensations et des images soit toujours la cause unique de l'émotion agréable qu'elles nous donnent. En effet, des sensations ou des idées indifférentes par elles-mêmes peuvent exciter une vive émotion, et le plaisir qui suit des images ou des sensations agréables est quelquefois hors de toute proportion avec la cause qui le produit. C'est que, outre leur valeur propre, certaines images ont encore une valeur expressive. Elles se présentent avec un nombreux cortége d'autres images et d'émotions diverses, et elles nous touchent parce qu'elles sont le signe de ces images et de ces émotions. Cette qualité de certaines images d'exciter une émotion qui semble en dépasser la portée, c'est ce qu'on appelle la beauté.

Si le nombre de ces idées est si grand qu'il semble infini, si l'émotion qui les accompagne est rare et forte, alors naît le sentiment du sublime.

La verdure tendre et luisante des jeunes feuilles est sans doute une joie pour les yeux; mais d'où vient qu'en les regardant on se sent tout autrement ému qu'à la vue de quelque étoffe de soie d'une nuance aussi belle? N'est-ce pas à cause des images tristes ou riantes que les premiers jours de printemps ne manquent jamais de ranimer dans le cœur? Et si un horizon sans limite, le bruit lointain d'une cascade, une colonne restée seule debout au milieu des ruines d'un temple nous paraissent sublimes, n'est-ce pas encore à cause du nombre et de la grandeur des idées qui sont associées à ces images?

Il s'en faut tellement que le beau ou le sublime tiennent à la nature propre des sensations, qu'au contraire ces sentiments ne sont jamais si forts que lorsque les objets qui les provoquent sont hors de toute proportion avec l'émotion qu'ils excitent. « S'il est vrai, dit J. P. Richter, que le sublime soit toujours attaché à un signe en nous ou hors de nous, il arrive souvent que ce signe ne requiert aucun exercice de l'imagination ou des sens. Prenons pour exemple ce poëme oriental où le prophète attend la marque du passage de la divinité; celle-ci ne se présente ni après le feu, ni après le tonnerre, ni après la tempête, mais elle vient enfin avec un souffle doux et léger; ce qu'il y a de douceur dans ce signe le rend évidemment plus sublime que le spectacle de la majesté elle-même. Ainsi la sublimité esthétique d'une action est toujours en raison inverse de la grandeur du signe sensible, et le plus petit signe est le plus sublime. Le mouvement des sourcils de Jupiter a beaucoup plus de sublimité que celui de son bras ou de toute sa personne. »

Le lecteur se souvient de cette pièce charmante de la *Légende des siècles*, de Victor Hugo : *la Rose de l'infante*. C'est par un beau soir d'été ; la petite infante d'Espagne, fille de Philippe II, joue dans le jardin de l'Escurial. Le ciel est calme ; les derniers chants des oiseaux animent seuls le feuillage immobile ; nulle ride sur l'eau des bassins où les beaux cygnes nagent majestueusement. L'enfant tient une rose épanouie qu'elle baise et caresse par moment. Cependant le sombre roi, debout près d'une fenêtre, songe à sa flotte, l'invincible Armada, qui vogue vers l'Angleterre. Tout est bien, l'Océan docile s'aplanit ; les ordres se croisent et se répondent ; les matelots tendent les voiles, et l'Angleterre frémit en attendant le coup mortel.

« Soudain un souffle d'air, une de ces haleines
« Que le soir frémissant jette à travers les plaines ;
« Tumultueux zéphir effleurant l'horizon,
« Trouble l'eau, fait frémir les joncs, met un frisson

« Dans les lointains massifs de myrte et d'asphodèle ;
« Vient jusqu'au bel enfant tranquille, et, d'un coup d'aile
« Rapide, et secouant même l'arbre voisin,
« Effeuille brusquement la fleur dans le bassin ;
« Et l'infante n'a plus dans les mains qu'une épine.
« Elle se penche et voit sur l'eau cette ruine ;
« Elle ne comprend pas ; qu'est-ce donc ? elle a peur ;
« Et la voilà qui cherche au ciel avec stupeur
« Cette brise qui n'a pas craint de lui déplaire.
« Que faire ? le bassin semble plein de colère ;
« Lui si clair tout à l'heure, il est noir maintenant.
« Il a des vagues ; c'est une mer bouillonnant ;
« Toute la pauvre rose est éparse sur l'onde ;
« Ses cent feuilles que noie et roule l'eau profonde,
« Tournoyant, naufrageant, s'en vont de tous côtés
« Sur mille petits flots par la brise irrités ;
« On croit voir dans un gouffre une flotte qui sombre.
« Madame, dit la duègne avec sa face d'ombre
« A la petite fille étonnée et rêvant,
« Tout sur terre appartient aux princes, hors le vent. »

D'où vient à ces vers leur étrange beauté ? D'où l'émotion sublime qu'excite le dernier ? De la nature des objets décrits ? Nullement, une rose effeuillée n'a rien en soi qui puisse faire naître un tel sentiment ; c'est que ce petit naufrage évoque des images grandes et terribles : la tempête déchaînée, les vaisseaux engloutis et, plus que tout cela, le néant des espérances et des ambitions humaines.

La beauté dépend si bien des idées accessoires jointes à l'idée principale, que des choses véritablement désagréables peuvent ainsi paraître belles. Il s'en faut de beaucoup, par exemple, que les coucous chantent mélodieusement. Tout le monde pourtant se plaît à ouïr leur cri narquois et monotone. C'est qu'ils chantent en avril et célèbrent du mieux qu'ils peuvent le retour du beau temps.

II.

Une première question se présente ici, c'est de savoir si toutes les sensations agréables peuvent exciter le sentiment du beau, ou si c'est là un privilége réservé aux seules sensations de la vue ou de l'ouïe. Presque tous les philosophes se sont rangés à cette dernière opinion. Voici d'abord Platon dans le *Premier Hippias* :

« Si l'homme dont je parle, ou tout autre, nous disait : Voyons, Hippias et Socrate, parmi les choses agréables vous en distinguez qui, d'après vous, sont belles; et les autres sensations relatives à la nourriture, à la boisson et à tout le reste, vous ne les regardez pas comme belles? Est-ce que vous prétendez qu'il n'y a en elles absolument aucune volupté, aucun agrément, et que le plaisir se trouve seulement dans la vue et dans l'ouïe? Que répondrons-nous, Hippias?

« Nous reconnaîtrons, Socrate, qu'il y a de très-grands plaisirs même dans toutes les autres sensations.

« Mais quoi, dira-t-il, si ce sont aussi des plaisirs, voulez-vous donc leur ôter ce nom et les priver de ce caractère de beauté? C'est, répondrons-nous, que le premier venu se moquerait de nous si nous disions qu'il est, non pas agréable, mais beau de manger; et qu'un parfum agréable offre non pas un agrément, mais une beauté. Nous dirons donc que ce qui est beau en fait de plaisirs, c'est uniquement celui que l'on ressent par la vue et par l'ouïe. Aurais-tu quelque chose à objecter à cette réponse, Hippias, et devons-nous parler autrement?

« C'est nécessairement, Socrate, la seule réponse que l'on puisse faire à sa question (1). »

Le Père André, auteur du premier ouvrage d'esthé-

_____

(1) Platon : *Premier Hippias.*

tique qui ait été écrit en France, accepte cette doctrine sans hésitation.

« Il est certain, dit-il, que tous nos sens n'ont pas le privilége de connaître le beau : il y en a trois que la nature a exclus de cette noble fonction : le goût, l'odorat et le toucher, sens stupides et grossiers qui ne cherchent, comme les bêtes, que ce qui leur est bon, sans se mettre en peine du beau. La vue et l'ouïe sont les seules de nos facultés corporelles qui aient le don de le discerner. Qu'on ne m'en demande pas la raison ; je n'en connais point d'autre que la volonté du Créateur, qui fait comme il lui plaît le partage des talents (1). »

Dans son grand ouvrage sur la science du beau, M. Lévêque, au lieu de se borner comme ses prédécesseurs à énoncer le fait, entreprend de le prouver.

« J'entre par une nuit profonde dans une chambre où règne la plus grande obscurité, et j'y respire une senteur enivrante qui m'est d'ailleurs inconnue. Du plaisir que me procure cette senteur, que puis-je conclure ? D'où s'exhale ce parfum ? Est-ce d'un fla-

_____

(1) Le Père André : *Essai sur le beau* ; premier discours.

con d'essence demeuré ouvert? Est-ce du calice de quelque fleur exotique? Je l'ignore. L'odeur elle-même, tout exquise qu'elle *soit*, je ne la nomme que bonne; ma raison se refuse à l'appeler belle : *s'il existe quelque part une belle odeur, qu'on me la montre.* Qu'on me montre un seul objet laid au monde qu'une bonne odeur ait eu la vertu d'embellir.....

« Quelle est, je vous prie, l'odeur de l'*Iliade* ou celle des marbres de Phidias, ou celle de la *Transfiguration* de Raphaël? Et une main profane eût-elle à dessein répandu sur ces chefs-d'œuvre quelque infect amalgame, sans les altérer en eux-mêmes, quel dommage en souffrirait leur beauté?.....

« Même différence entre l'émotion esthétique et la sensation de saveur. *Mâchez, dans les ténèbres,* une fleur inconnue et tirez, si vous pouvez, de la *saveur* de ses pétales quelque *lumière* sur sa beauté. Quand vous voulez jouir du charme de quelque belle statue antique, *mettez-vous sur votre langue* un fragment du marbre dont elle est formée? Quoi de plus insipide que ce marbre?..... (1) »

---

(1) Lévêque : *la Science du beau,* ch. IV.

Quelle défiance de nous-mêmes ne devons-nous pas concevoir, en voyant de pareilles inadvertances échapper aux meilleurs esprits ! M. Lévêque démontre ici fort bien qu'il y a de belles choses qui ne sentent rien, ou même qui peuvent sentir mauvais, et, d'une manière plus générale, qu'un sens est inhabile à goûter le genre de beauté propre à un autre sens ; mais il ne montre en aucune façon qu'il ne saurait y avoir d'odeurs et de saveurs produisant une émotion esthétique. Si ses arguments étaient bons, ils prouveraient tout aussi bien qu'il n'y a pas de beaux sons, car, enfin, on pourrait comme lui demander quel est le son de la *Transfiguration* de Raphaël, ou des marbres de Phidias ? Il est évident que ce qui est un plaisir pour la vue n'en saurait être un pour l'ouïe, et il ne faut pas s'étonner davantage que ce n'en soit pas un pour l'odorat.

On ne peut rien conclure non plus de l'impropriété de langage qu'il y aurait à parler de belles odeurs ou de belles saveurs. Le langage a ses caprices, et il se pourrait que cette répugnance à joindre à une odeur ou à une saveur l'épithète de belle vint de ce que ces sensations donnent à un moindre degré et plus rarement que les autres le sentiment de la beauté. Il faut donc interroger directement la conscience.

En agissant ainsi, l'on trouvera, je pense, que les sensations de tact, de saveur et d'odeur peuvent quelquefois exciter, comme les couleurs ou les sons, mais avec moins de force, une émotion qui les dépasse et vient s'ajouter au plaisir tout physique qu'elles procurent. Quand Michel-Ange, devenu aveugle, se plaisait encore à promener la main sur des marbres antiques, je m'assure qu'il recherchait autre chose que la sensation agréable du contact d'une pierre bien polie. De même dans le plaisir que l'on goûte à respirer le parfum des premières violettes ou l'odeur du foin fraîchement coupé, il entre autre chose qu'une sensation agréable, et ce que l'on ressent a certainement plus d'une ressemblance avec le plaisir esthétique que donne la vue d'une belle campagne ou d'une belle fleur.

En y réfléchissant bien, cependant, je crois que toutes les odeurs ou toutes les saveurs qui donnent ces plaisirs poétiques et délicats sont associées à de beaux souvenirs de la vue et de l'ouïe, de sorte que l'on ne saurait dire si ce sont les sensations elles-

mêmes qui semblent belles ou seulement les souvenirs. Qu'importe, du reste? Puisque toute sensation
doit sa beauté aux idées qu'elle éveille, qu'importe
qu'elle les excite directement ou par l'intermédiaire
des souvenirs de sensations différentes? Ne disons
donc point qu'il y a de belles odeurs ou de belles
saveurs, puisque cela serait ridicule et contraire au bon
langage français. Contentons-nous de le penser.

Si maintenant l'on veut savoir pourquoi les odeurs
ou les saveurs donnent si rarement des plaisirs esthé-
tiques, on en trouvera sans peine la raison dans la
nature même de ces sensations. Ce sont, comme
on l'a vu, les moins fréquentes, les moins distinctes,
les moins actives de toutes; celles où nous mettons
le moins de nous-mêmes, celles, par conséquent, qui
laissent les images les moins vives et les moins durables. Leur faiblesse les empêche donc de contracter
des associations fortes et persistantes, et il ne faut
pas s'étonner si, lorsqu'elles reparaissent, elles ne
ramènent point avec elles ce nombreux cortége qui
suit les couleurs et les sons.

III.

Maintenant, est-ce assez qu'un objet rappelle un grand nombre d'idées et excite des sentiments plus ou moins vifs pour mériter le nom de beau ? ou bien doit-on tenir compte encore de la qualité de ces sentiments et de ces idées autant et plus que de leur nombre et de leur intensité ? La réponse ne saurait être douteuse ; il se rencontre en effet bien des choses qui émeuvent fortement ou qui font beaucoup penser sans que personne s'avise pour cela de les trouver belles. On n'admire point une plaine vide et monotone où deux grands peuples ont disputé de l'empire et de la gloire, et pourtant l'on se sent pénétré à son aspect d'une émotion douloureuse et profonde. Un coquillage brisé, témoin des vieux âges de la terre, un méchant tableau qui représente un grand fait historique, un lambeau du vêtement d'un grand personnage, une ligne de son écriture, tout cela peut donner un puissant essor à nos pensées et cependant rien de cela n'est beau.

Il faut donc rechercher quelles idées ont ce privilége d'éveiller le sentiment de la beauté, et pour cela considérer plusieurs objets beaux d'espèces fort différentes en tâchant de démêler les qualités communes par lesquelles ils nous plaisent. Il y a bien de l'apparence, en effet, que c'est parmi les attributs communs à toutes les belles choses que se rencontrera la cause de leur beauté.

Que le lecteur arrête donc premièrement sa pensée sur les objets inanimés que tout le monde admire, les beaux métaux, les belles pierres, les ruisseaux, les montagnes, la mer, les astres; qu'il s'interroge et se demande ce qui lui agrée en toutes ces choses? N'est-ce pas la force dont elles paraissent l'expression et le symbole, la vie mystérieuse qui semble quelquefois les pénétrer? La netteté des arêtes, le poli de la surface, la vivacité des couleurs, ne sont-ce pas pour les corps bruts le signe de la force de cohésion, de la résistance énergique et victorieuse qu'ils opposent aux causes de destruction, quelque chose comme la santé chez les animaux, c'est-à-dire la pleine possession, l'épanouissement des attributs de leur espèce, la promesse d'une longue durée? La constance et la régularité des formes cristallines, leur ingénieux agencement en tant de figures diverses n'attestent-ils pas une sorte de géométrie inconsciente, je ne sais quelle intelligence obscure, mais subtile et inventive? N'est-ce pas là la même intelligence secrète qui, s'exerçant en un sujet plus vaste, a médité la grande architecture des montagnes, et qui, disposant d'une force presque infinie pour réaliser ses conceptions sublimes, a redressé, brisé, courbé, tordu les roches épaisses étagées sur leurs flancs? L'agitation continuelle de la mer, sa face changeante, tantôt auguste et calme, tantôt menaçante et sombre, son repos et ses tempêtes, ses terribles caprices, son courroux imprévu, son apaisement soudain, les molles caresses dont elle semble flatter ses rivages, et le furieux emportement avec lequel elle se déchaine contre eux, tout cela ne lui donne-t-il pas les apparences de la vie, d'une vie singulière, pleine de colères sourdes, de brusques impatiences, de douceurs perfides? Qu'est-ce autre chose que ses tempêtes, sinon une protestation contre le joug que l'homme voudrait lui imposer, et ne ressent-elle pas une joie orgueilleuse de se jouer de lui, et d'attester sa force et sa liberté, en submergeant ses frêles navires?

Illusion, je le sais, illusion de poëte; mais si vous la dissipez, la montagne ne sera plus qu'un bloc de pierre un peu plus gros qu'un autre, et l'Océan un lieu où il y a beaucoup d'eau. Laissons donc subsister quelque chose du vieux sentiment mythologique qui peupla le monde de faunes et de nymphes; et tenons pour assuré que Dieu est trop grand pour être jaloux. Que les poëtes continuent à s'entretenir avec la nature; qu'ils parlent au soleil, à la lune, aux fleuves, aux montagnes; pardonnons-leur même une sorte de panthéisme vague et qu'ils commentent tant qu'ils voudront les beaux vers de Virgile :

> « Principio cœlum et terras camposque liquentes
> « Lucentemque globum lunæ Titaniaque astra
> « Spiritus intus alit, totamque infusa per artus
> « Mens agitat molem et magno se corpore miscet. »

Le mal serait que, tout en chantant, ils s'imaginassent être de très-grands philosophes, et surtout qu'ils prétendissent amener le commun des hommes à penser en prose ce que l'on ne doit dire qu'en vers. Mais un tel danger n'est guère à craindre, parce que les poëtes sont fort éloignés d'une pareille prétention.

Les conditions de la beauté deviennent plus nombreuses à mesure que l'on considère des êtres d'un ordre plus élevé. Ces forces secrètes, cette vague apparence de vie qui nous charmaient lorsque nous les rencontrions dans la mer ou les montagnes, ne suffisent plus dès qu'il s'agit d'êtres véritablement animés, comme les plantes. Ce n'est pas assez qu'elles paraissent vivantes, il faut encore que leur vie semble heureuse et facile; qu'elle se manifeste par un feuillage abondant ou largement épanoui, d'une couleur vive et franche; il faut que leur tronc élevé ou leurs nombreux rameaux ou leurs fleurs brillantes attestent la santé et la vigueur. Si les feuilles sont rares ou jaunies, la tige frêle, les fleurs ternes et pâles, la beauté disparaît aussitôt. Ce n'est pas cependant qu'une fleur étiolée, malade, ne puisse encore nous toucher; elle penche avec tant de grâce sa tête fatiguée, tout son aspect exprime si bien la tristesse et la souffrance, que l'on se sent tout ému et que l'on voudrait la consoler et la guérir. A qui n'est-il pas arrivé d'écarter les pierres et les ronces qui étouffent un petit arbre, de l'entourer d'un peu de bonne terre; de lui faire, avec quelques menues branches, un solide rempart contre les insectes et les souris? On goûte alors le plaisir dé-

licat d'une bonne action, dont aucun espoir de grati-
tude, si vague qu'il soit, ne vient ternir la pureté.
Mais ce plaisir est d'une autre nature que ceux que
donne la beauté toute seule; il est plus exquis et d'un
ordre plus élevé; c'est un sentiment moral plus qu'un
sentiment esthétique.

N'allons point croire cependant que ces deux sentiments soient complétement indépendants, bien
moins encore tout à fait opposés, comme on l'a quelquefois prétendu. Loin de là, ils s'unissent souvent et
se fortifient singulièrement l'un par l'autre. Par exemple, on n'est jamais si frappé de la beauté d'un arbre
que lorsque, avec tout l'éclat et toute la plénitude de
la vie végétative, on croit y voir une ombre d'intelligence et de volonté, quelque chose qui permet à la
sympathie de s'exercer. Ainsi, en contemplant la tige
élancée d'un grand pin, on admire avec une sorte de
respect le ferme courage, l'inflexible opiniâtreté qui
l'a fait monter haut et droit en dépit des tempêtes et
dépasser les arbres de la plaine croissant sans obstacle
dans une terre molle et fertile.

Les poëtes qu'une révélation secrète semble avertir
de ce qui est le plus propre à plaire et à toucher, les

poëtes ne manquent jamais de prêter aux arbres qu'ils décrivent, la sensibilité, l'instinct des animaux, quelquefois même l'intelligence prévoyante de l'homme.

« Voyez ce chêne solitaire
« Dont le rocher s'est couronné,
« Parlez à ce tronc séculaire,
« Demandez comment il est né.

. . . .

« Il vit, le géant des collines,
« Mais, avant de paraître au jour,
« Il se creuse avec ses racines
« Des fondements comme une tour.
« Il sait quelle lutte s'apprête,
« Et qu'il doit contre la tempête
« Chercher sous la terre un appui.
« Il sait que l'aquilon sonore
« L'attend au jour ; ou, s'il l'ignore,
« Quelqu'un du moins le sait pour lui.
« Son tronc que l'écorce protége,
« Fortifié par mille nœuds,
« Pour porter sa feuille ou sa neige
« S'élargit sur ses pieds noueux.
« Ses bras que le temps fortifie,
« Comme un lutteur qui se replie
« Pour mieux s'élancer en avant,
« Jetant leurs coudes en arrière,
« Se recourbent dans la carrière
« Pour mieux porter le poids du vent. »

Rien ne serait plus aisé que d'étendre les mêmes

observations aux animaux et de montrer que ceux que nous admirons le plus sont les plus agiles, les plus forts, les plus intelligents.

La beauté des choses n'est donc achevée que lorsqu'elles possèdent à un degré éminent les qualités propres de leur espèce, et, tout ensemble, quelques signes d'autres attributs qui semblent le privilége d'une plus noble race et que l'on est étonné et ravi de rencontrer là où on ne les attendait pas.

La beauté morale elle-même est soumise à des conditions toutes semblables. Une belle action est celle qui parait l'œuvre d'une volonté, d'un courage, d'une bonté plus qu'humaine ; une belle vie, celle qui s'est dépensée tout entière à poursuivre une noble fin avec une persévérance, une abnégation qui élèvent, comme on dit, l'homme au-dessus de lui-même ; une belle âme, celle en qui l'on rencontre le plus de ces traits qui, tout faibles et épars qu'ils sont, nous permettent cependant de concevoir quelque idée du Dieu dont nous sommes l'imparfaite image : l'intelligence, la justice, et surtout cette bonté qu'il a mise la première dans notre cœur, comme la marque de sa main bienfaisante.

L'étude des causes de la laideur fournirait par la contre-épreuve une confirmation intéressante de la théorie qui vient d'être exposée. Une chose est laide, en effet, lorsqu'elle ne présente qu'à un faible degré les qualités propres de son espèce, ou qu'elle en présente d'autres qui la rapprochent d'une espèce inférieure. L'homme est laid moralement quand il laisse prédominer dans son âme cet ensemble d'instincts qui lui sont communs avec les animaux. Il est laid physiquement quand son corps marque cette prédominance par des signes expressifs, vrais ou trompeurs. L'animal est laid lorsque la gaucherie et la lenteur des mouvements, les membres lourds et mal agencés semblent le condamner à la vie d'une plante et l'exclure des fonctions de relation qui sont le propre de sa race. La plante est laide quand ses formes épaisses, sa couleur terne et fausse la font ressembler à la matière inerte. Le minéral est laid lorsque rien n'avertit de la force secrète qui le soutient, l'ordonne et le fait durer en dépit des causes de destruction.

IV.

Il y a des gens qui, en donnant à un enfant quelque jouet magnifique, demeurent si pénétrés de l'importance de leur présent et se souviennent si bien du prix dont ils l'ont payé, qu'ils lui font très-expresse défense d'y toucher, lui octroyant du reste de le regarder tout à loisir. Ces bienfaiteurs malavisés ignorent sans doute que cette défense empoisonne toute la joie de l'enfant. Son inaction lui devient bien vite pesante et douloureuse. Il bâille, détourne les yeux de cette brillante et ennuyeuse idole, et cherche quelque autre jouet de moindre valeur qu'il puisse manier, arranger, briser même à son gré. Quoi, vous lui faites présent d'un cheval de bois, et vous ne voulez pas qu'il essaie quelle figure il aurait, réduit à ses seuls pieds de devant; vous ne voulez pas qu'il tâche de lui ouvrir la bouche de force pour lui donner à manger, ni qu'il lui mette la tête dans l'eau pour le faire boire; vous trouvez mauvais qu'il le frappe pour le décider à courir! Mais enfin que voulez-vous donc qu'il en fasse?

Reprenez votre fétiche, *inutile lignum*, et laissez le pauvre petit jouer avec des pierres ou du sable dont il fait tout ce qu'il veut, des maisons, des villes, des montagnes, sans que personne s'indigne et le gronde.

Je ne puis m'empêcher de croire que si nous étions réduits à demeurer spectateurs immobiles de la nature, elle déploierait devant nous toutes ses magnificences sans exciter en notre âme d'autre sentiment qu'un étonnement stupide et une admiration passagère, suivis d'un long et douloureux ennui. Nous éprouverions la même impatience que l'enfant devant son jouet défendu. Il faut que notre activité trouve à s'exercer; il faut que nous puissions ajouter, retrancher, plier la nature à nos goûts et à nos sentiments, la gâter même selon nos caprices, enfin rivaliser avec elle et nous réjouir d'avoir mieux fait.

Car enfin nous pouvons mieux faire, et, à mon sens, ce n'est pas une des moindres marques de la sagesse et de la bonté du Créateur que ce soin qu'il a pris de ne point décourager nos efforts par le spectacle accablant d'une perfection inimitable et la conviction désolante que nous ne pouvons toucher à rien sans l'enlaidir. Il a laissé à dessein dans son œuvre des incorrections et des lacunes pour ne pas nous ôter le mérite et le plaisir de les corriger. Les anciens l'avaient bien compris : « C'est Jupiter, dit Virgile, qui a donné aux serpents leur venin, qui a rendu les loups voleurs et la mer orageuse, qui a voulu que les champs se hérissassent de paresseux chardons et que la rouille consumât les épis, afin d'exciter l'homme par l'aiguillon du besoin et pour que son domaine ne languit pas dans une honteuse oisiveté. »

L'émulation nous est donc permise et il n'y a rien de si beau que nous ne puissions imaginer mieux encore. Nous pouvons rêver un ciel plus transparent et plus profond, des eaux plus claires, de plus doux murmures du vent dans les arbres, de plus beaux chants d'oiseaux, des abeilles mieux bourdonnantes, de plus brillantes étoiles et des hommes plus sages et meilleurs que nous. Chaque poëte, que dis-je, chaque homme, chaque peuple a ses Champs-Élysées, ses iles bienheureuses, son âge d'or, patrie de ses espérances ou de ses chimères, qu'il embellit de toutes les vertus et de toutes les grâces dont le présent est dépourvu. Le monde réel ne satisfait pas l'âme la plus vile et la moins éprise d'idéal, et la vulgarité de la vie ne saurait jamais tout à fait rabattre cet élan qui nous porte vers la grandeur et la beauté.

Voyez l'usurier d'Horace qui tout à coup se surprend en flagrant délit de poésie et encadre dans un beau paysage son rêve de paix et d'innocence :

« Beatus ille qui procul negotiis
« Ut prisca gens mortalium,
« Paterna rura bobus exercet suis,
« Solutus omni fœnore ! »

Hélas! ce songe ne dure guère et l'usurier a bien vite raison du poëte. Mais, par bonheur, le réveil n'est pas toujours aussi prompt. Dans certaines âmes choisies, l'amour du beau, au lieu d'apparaitre à de rares intervalles et de briller seulement par éclairs, se répand comme une lumière pure et égale sur toute la vie. Il inspire un désir infini de contempler la beauté, et comme rien de ce qui existe ne le contente tout à fait, il pousse l'artiste et le poëte à imaginer cette perfection qu'il cherche en vain autour de lui, et une fois qu'il pense l'avoir trouvée, à la réaliser dans un tableau, dans une statue, dans un poëme, dans quelque chose enfin qui donne un corps à sa vision et lui permette de la contempler plus à loisir, de la retrouver quand il le voudra, d'en enchanter les autres hommes.

L'on voit donc quelle erreur c'est d'assigner à l'art, pour fin suprême, l'imitation de la nature. Sa fin est, au contraire, de suppléer à l'insuffisance dè la nature et d'évoquer du néant les êtres charmants qu'elle semble avoir oublié de créer. Sans doute l'artiste est contraint d'employer les formes, les couleurs, les sons que lui offre la nature, et en cela il est vrai qu'il l'imite, mais cette imitation est un moyen, non une fin, autrement l'art serait condamné à une infériorité vraiment trop humiliante. Ce n'est pas qu'une imitation parfaite ne cause un certain plaisir :

« Il n'est point de serpent ni de monstre odieux
« Qui, par l'art imité, ne puisse plaire aux yeux (1). »

Boileau a raison, et je veux bien convenir que ce plaisir entre pour beaucoup dans le sentiment fort complexe qu'inspire une œuvre d'art ; mais qui voudra y regarder de près verra que l'on admire bien

---

1 Ἃ γὰρ αὐτὰ λυπηρῶς ὁρῶμεν, τούτων τὰς εἰκόνας τὰς μάλιστα ἠκριβωμένας χαίρομεν θεωροῦντες, οἷον θηρίων τε μορφὰς τῶν ἀτιμοτάτων καὶ νεκρῶν.

(Aristote : *Poétique,* chap. IV, § 1.)

moins l'imitation même que l'habileté, la patience de l'artiste et, comme on dit, la difficulté vaincue, de sorte que l'imitation rentre dans la loi commune et n'a de valeur esthétique que comme signe d'une intelligence et d'une volonté supérieures. Est-ce à dire que la nature ne soit pas belle? Point du tout, mais elle ne l'est jamais tout à fait. Swift ne se souvenait d'aucun jour qui n'eût été ou trop froid ou trop chaud, ou trop sec ou trop humide. Tout de même, il me semble bien n'avoir rien vu de beau qui ne m'ait laissé quelque regret, dont la beauté ne se soit trouvée courte par quelque endroit. Tantôt c'est quelque chose de manque, un bouquet d'arbres qu'il aurait fallu pour peupler cette plaine monotone, quelques saules au bord de ce ruisseau indigent, une montagne pour clore la perspective. Voilà un admirable paysage! Pourquoi faut-il que je le voie par un jour sans soleil! Quel air imposant a cet homme! Mais quel dommage qu'il ne soit pas un peu plus grand!

Tantôt c'est quelque chose de trop : un nuage disgracieux, un rocher de forme bizarre, un arbre mal venu, quelque élément enfin qui contrarie le sentiment esthétique et provoque des idées désagréables. Voici une colonne svelte, élégante. Pourquoi ne l'admiré-je pas? C'est que malheureusement je viens de m'apercevoir que c'est une cheminée dissimulée. Une fabrique où s'exerce quelque industrie répugnante suffit à gâter le plus charmant paysage. Une belle action semble de moitié moins belle quand nous nous avisons qu'en l'accomplissant son auteur espérait en tirer quelque profit.

Le rôle de l'imagination créatrice dans l'art, c'est d'ajouter à la nature ces éléments de beauté, d'en retrancher ces causes de laideur, c'est, en un mot, de concevoir l'idéal qui n'est que le réel diminué de tout ce qui peut ôter quelque chose à sa valeur expressive et enrichi de tout ce qui peut y ajouter.

Par elle, le soleil illuminera ce paysage sans couleur; une trop humble stature ne déshonorera plus la majesté d'un visage imposant. Le bâtiment disparaîtra qui, tout seul, gâtait un beau site; par elle, une action sera conçue inspirée par le plus pur héroïsme et dégagée de ce mélange d'intérêt qui la dégrade.

Celui-là donc est artiste qui, en présence des beautés incomplètes de la nature, ressent, avec un vif sentiment d'admiration, une sorte d'inquiétude et de dépit de les trouver imparfaites et une noble ambition de les achever. Lorsqu'un spectacle l'émeut, il démêle bien vite les traits qui contribuent le plus à exciter cette émotion, et ceux aussi qui n'y servent pas ou même qui exciteraient plutôt une émotion contraire. Il tâche à faire ressortir ceux-là, ceux-ci il les efface ou les atténue de façon pourtant à conserver à son œuvre la vérité et la vie; puis une imagination heureuse lui suggère les traits nouveaux capables de rendre l'impression plus forte et plus pleine; et il répare les oublis de la nature après avoir corrigé ses fautes.

Comme il n'est point d'objet si vil qui ne puisse reluire dans un rayon de soleil, il n'en est pas aussi que l'idéal ne puisse embellir et transfigurer. Les magots même, qui choquaient si fort le noble goût de Louis XIV, ont une beauté qui vient du sentiment de calme, de bonheur domestique qu'ils expriment. C'est une belle chose, Xénophon se plaisait déjà à le faire remarquer, c'est une belle chose que des marmites bien rangées et bien luisantes; c'est une belle chose que des couvertures pliées avec soin, des meubles propres et commodes. Tout cela, disait-il

en vrai Grec qu'il était, tout cela semble véritablement former un chœur. N'est-ce donc pas aussi une
belle chose que de bons Flamands tranquillement
attablés autour d'un pot de bière, calmes jusqu'au
fond de l'âme? Le feu qui gronde dans la haute cheminée, les spirales de fumée qui, des grandes pipes
de porcelaine, s'élèvent au plafond noirci, les amples
buffets chargés de vaisselle d'étain, les causeries des
vieilles fileuses, le tic-tac de l'horloge, la chanson des
chats endormis, tout cela ne forme-t-il pas une harmonie paisible, un chœur, comme disait l'homme
d'Athènes; et n'est-ce pas encore l'idéal, l'idéal au
moins d'une vie dépourvue d'idéal?

CHAPITRE XII.

Résumé. — Conclusions.

Avant de clore ce travail, que je n'ai eu ni l'adresse
ni le loisir de faire plus court, il ne sera peut-être
pas inutile de recueillir, en quelques brèves formules,
les principaux résultats auxquels il nous a conduits,
et de présenter ainsi une vue d'ensemble des faits très-
nombreux et très-divers qu'un certain air de famille
a permis de ranger sous le nom commun de faits
"d'imagination. De cette façon, il sera plus aisé de
comprendre les lois qui les régissent et de se faire une
juste idée de leur rôle et de leur importance.

Si l'on s'arrête un instant à contempler le cours de
la vie psychologique, en faisant attention bien moins
aux phénomènes eux-mêmes qu'à l'ordre suivant lequel ils s'enchaînent, on s'aperçoit tout d'abord que

ces phénomènes appartiennent à deux classes fort différentes. Les uns s'arrangent en une suite régulière presque continue, dont toutes les parties s'appellent et s'unissent selon des lois déterminées ; les autres, soudains et imprévus, se détachent vivement sur ce fond uni et un peu terne que leur éclat fait encore pâlir. Ils ne trouvent point leur explication dans l'état mental précédent, avec lequel ils forment, au contraire, un contraste plus ou moins violent. L'on ne peut ni les appeler, ni les repousser à son gré, encore moins en changer l'ordre. De ces deux espèces de phénomènes, les premiers s'appellent conceptions, images ou idées, les seconds perceptions.

L'impossibilité d'expliquer les perceptions par l'activité spontanée de l'âme conduit nécessairement à les attribuer à une cause extérieure, c'est-à-dire à l'action continuelle que l'univers exerce sur nous. On ignore à peu près complétement de quelle nature est cette action. Tout ce que l'on sait, c'est qu'elle ne s'exerce que par l'intermédiaire du corps qui traduit l'action des forces simultanées en une série de résultantes successives, simples et par conséquent compatibles avec l'unité de l'esprit qui les perçoit.

La perception n'est point un fait indivisible, comme on en jugerait au premier abord. L'analyse la plus inattentive y découvre bien vite deux éléments : l'un qui paraît la conséquence immédiate de l'impression organique et que l'on appelle sensation, l'autre que l'esprit semble tirer de soi-même pour compléter et interpréter la sensation. C'est à ce second élément que j'ai donné un peu arbitrairement le nom d'idée.

Ces deux éléments ont une importance fort inégale. En effet, l'âme, dans la perception, est bien plus active que passive. La sensation n'est que l'occasion ou plutôt le prétexte qui lui permet de déployer son activité toujours inquiète ; c'est un signe que l'intelligence interprète à son gré, le centre autour duquel les idées se groupent ; quelque chose, s'il m'est permis d'employer une comparaison vulgaire, comme le fil auquel les cristaux viennent s'attacher.

Il faut remarquer que les groupes ainsi formés subsistent après que la sensation a cessé et qu'ils peuvent même se reformer spontanément à diverses reprises. Ils prennent alors le nom d'images, et ce sont ces images, restes d'anciennes perceptions, qui remplissent les intervalles des perceptions nouvelles.

Les sensations et les idées, unies ou séparées, forment donc toute la matière de la vie intellectuelle ; les images, en effet, sont des composés d'idées, et les perceptions sont des idées jointes à des sensations.

Il est assez naturel de se demander si la réduction ne pourrait pas être poussée plus loin, et si les idées et les sensations elles-mêmes ne seraient pas des modes différents d'un même état de conscience. Jusqu'à présent, les recherches des physiologistes aussi bien que les observations des psychologues ne permettent point cette dernière simplification. La distinction des fonctions peut en effet se conclure à peu près sûrement de la distinction des organes ; de sorte qu'en assignant aux sensations et aux idées des conditions organiques différentes, les physiologistes opposent une objection décisive à cette unité de composition de tous les phénomènes psychologiques qui n'a cessé de hanter l'esprit des philosophes.

Ce n'est point qu'il ne reste plus d'un doute sur

ces questions délicates, où deux sciences séparées et presque rivales sont contraintes d'unir leurs forces et ne peuvent avancer l'une sans l'autre. On s'accorde cependant à attribuer les sensations à certaines modifications de la protubérance annulaire, des tubercules quadrijumeaux ou des couches optiques; et presque tout le monde admet que les idées sont jointes à d'autres modifications de la couche corticale des lobes cérébraux.

Bien que les deux séries d'organes soient indépendantes et capables d'agir séparément, cela pourtant est assez rare, et le plus souvent l'excitation des uns provoque par contre-coup l'excitation des autres. Dans la perception ordinaire, l'ébranlement part des centres sensitifs, mais le contraire arrive quelquefois, et l'on peut conclure d'un grand nombre de faits que presque toutes les idées provoquent quelque excitation dans les centres sensitifs. Comment expliquer autrement les effets physiologiques pareils des perceptions et des images et les mouvements qui suivent les unes aussi bien que les autres? Les sensations qui résultent de ces excitations sont à la vérité trop faibles pour parvenir jusqu'à la conscience, mais quelquefois

elles acquièrent assez de force pour produire de véritables perceptions. C'est ce qui arrive dans l'hallucination, espèce de perception retournée, dans laquelle
l'image est la cause de la sensation au lieu d'en être
l'effet.

Si les images peuvent exciter des sensations, d'où
vient que, d'ordinaire, elles n'en excitent pas? Cela
tient sans doute soit à leur faiblesse, soit à la résistance qu'elles rencontrent de la part des perceptions.
En effet, les sensations qui arrivent sans cesse du dehors s'opposent aux sensations plus faibles que les
images tendraient à provoquer et affaiblissent les
images elles-mêmes en leur suscitant à chaque instant
des rivales. Aussi, remarque-t-on que tout ce qui affaiblit les sensations accroît d'autant la vivacité des
images.

Les sensations ne détruisent cependant tout à fait
que les images qu'elles contredisent absolument.
Quand l'incompatibilité n'est pas complète, la sensation modifie seulement l'image de façon à s'y accom-
moder. C'est ce que l'on observe surtout dans les
rêves. Le songeur sait avec une habileté, une pres-
tesse vraiment merveilleuse, ajuster ses idées aux pe-

tites sensations qui surviennent sans cesse du dehors ou qui résultent du travail intime des organes. Les divers états physiologiques ou pathologiques ont ainsi leur retentissement dans les rêves; et même durant la veille, les désordres graves et permanents entraînent l'imagination à concevoir des causes capables d'expliquer les sensations étranges qui en sont la suite. On peut donc quelquefois déduire l'état du corps des pensées habituelles de l'âme, aussi bien que l'on conclut l'état de l'âme de l'expression du visage ou des gestes habituels du corps.

L'altération, et, pour ainsi dire, la direction des images par les sensations est le résultat le plus ordinaire du concours de ces deux états de conscience. Mais quelquefois une image opiniâtre repousse la sensation hostile ou même la modifie pour se l'ajuster et produire ce que l'on appelle une illusion, c'est-à-dire une hallucination superposée à une perception véritable.

Les images les plus fortes jouent à l'égard des plus faibles le même rôle que les sensations puissantes à l'égard des images. Elles les attirent et les rangent autour d'elles. L'homme est ainsi dominé à chaque instant par une idée maîtresse qui tient toutes les autres sous sa dépendance, et il suffit de savoir la suite des idées qui ont gouverné de cette façon un homme ou un peuple pour comprendre aisément son caractère et sa conduite.

Il ne faut point croire cependant que toutes les idées se courbent sous cette domination paisible : de là des conflits, des révoltes, qui affaiblissent l'idée maîtresse, et, enfin, lui en substituent une autre. Ces luttes sont pénibles, et le sage cherche à les éviter. Elles sont pourtant la sauvegarde de la raison et de la liberté, puisque seules elles empêchent l'idée domi-nante de devenir une idée fixe, et, pour lui donner son véritable nom, une manie.

Toutes les sensations, toutes les idées qui occupent l'esprit se composent à chaque instant en une résul-tante unique et forment un seul état de conscience, dont les éléments divers sont unis par une sorte d'af-finité. Chacun de ces éléments, lorsqu'il reparaît dans l'esprit, tend à ramener les autres, et c'est le fait connu sous le nom d'association des idées.

L'association des idées suppose sans doute quelque relation correspondante entre les états nerveux qui sont la condition de ces idées, mais les travaux des physiologistes ne nous ont encore rien appris de ces relations. Les psychologues ont donc pris ici une avance dont ils ont le droit d'être fiers.

L'association des idées a pour cause subjective leur présence simultanée dans l'esprit. Elle est d'autant plus forte que les idées elles-mêmes sont plus vives et qu'elles ont été plus souvent présentes ensemble. L'union est quelquefois si intime qu'il ne dépend plus de nous de la dissoudre. On peut citer, comme exemple, l'association qui se forme entre l'idée de l'étendue et l'idée de la couleur.

Beaucoup de psychologues anglais contemporains prétendent ramener à des associations de cette espèce les idées que la plupart des philosophes attribuent à la raison. Ils disent que le sentiment de la nécessité, qui est le caractère le plus manifeste de ces idées, s'explique très-bien par l'impossibilité absolue de briser des liens que l'expérience quotidienne resserre et fortifie sans cesse. Ce n'est point qu'ils se refusent à reconnaître certaines tendances primitives, antérieures en un certain sens à l'expérience, le pur sensualiste, le fidèle disciple de Locke, devient, en effet, de jour en jour plus rare et bientôt aura disparu tout à fait. Mais, à les en croire, si ces tendances innées sont les lois de l'expérience, elles sont aussi le résultat de l'expérience, non de la nôtre assurément, puisque cette expérience les suppose, mais de l'expérience des générations antérieures qui, peu à peu, ont façonné à leur image l'esprit de l'homme et créé entre ses idées et les choses une correspondance de jour en jour plus parfaite. Aujourd'hui, à la vérité, l'expérience s'ajuste à la raison, mais c'est que la raison s'est d'abord ajustée à l'expérience, parlons-en mieux, c'est que cette raison est l'œuvre de l'expérience même.

Je ne sais si je me trompe, mais il me semble que cette explication recule la difficulté plus qu'elle ne la résout et que la doctrine de la table rase se heurte aux mêmes objections, qu'on l'applique à l'individu ou qu'on l'étende à l'humanité tout entière. J'accorde pour un instant que toutes les tendances de l'âme soient le résultat de l'expérience; mais cette âme, ne parlons pas d'âme si l'on veut, ce je ne sais quoi que l'expérience a modifié, façonné, transformé, c'était, après tout, quelque chose, quelque chose au moins

qui avait le pouvoir d'être modifié, façonné, transformé d'une certaine façon ; cette sorte de plasticité
qui a permis à l'âme de s'adapter aux circonstances,
cette docilité à recevoir les empreintes, cette ténacité
à les retenir, ce pouvoir, enfin, de thésauriser les expériences, voilà des éléments *à priori* que l'on ne saurait nier et que nulle expérience n'explique.

Les conditions objectives de l'association, c'est-à-
dire les circonstances qui favorisent la présence simultanée d'idées dans l'esprit, sont aussi nombreuses
qu'il y a de rapports possibles entre les objets de ces
idées. Les principales sont : la contiguïté dans le
temps, la contiguïté dans l'espace, et la ressemblance
qui se résout elle-même en un double rapport de
contiguïté.

Les images successives s'associent par l'intermédiaire des idées communes. Mais il faut remarquer
que l'association entre ces images n'est pas réciproque, c'est-à-dire que l'aptitude de la première à rappeler la seconde n'entraîne point du tout l'aptitude
de la seconde à rappeler la première.

La mémoire consiste dans le rappel et la reconnaissance d'une image.

Le rappel est un résultat direct de l'association et dépend de deux conditions : la persistance de l'association entre les diverses idées qui composent une image, et la présence actuelle de l'une de ces idées dans l'esprit.

Les images de la vue sont celles dont la renaissance est la plus facile; ensuite viennent les images de l'ouïe, puis celles du toucher, enfin les images formées des idées de saveurs, d'odeurs, ou des sensations de la vie organique.

La vivacité des perceptions, qui dépend en grande partie de leur caractère étrange, la répétition fréquente, le grand nombre et la diversité des associations sont les principales causes qui favorisent le retour des images ; mais ce retour dépend d'une foule d'autres conditions intellectuelles ou morales aussi bien que physiologiques, dont la plupart sont encore inconnues.

Le second élément de la mémoire, c'est-à-dire la reconnaissance, s'explique assez bien par la tendance plus ou moins forte des idées à demeurer unies dans le même ordre. On regarde en effet comme des souvenirs toutes les images qui résistent aux efforts que l'on fait pour les altérer; celles, au contraire, qui se plient à tous nos caprices, paraissent de simples faits d'imagination.

La reconnaissance est complète lorsque l'on retrouve dans le passé la place de l'image, c'est-à-dire les perceptions ou les images qui l'ont immédiatement précédée ou suivie.

Les lois de l'association des idées expliquent la formation des nouvelles images aussi bien que la conservation des anciennes. L'oubli, en effaçant inégalement les diverses idées, et surtout les plus faibles et les plus confuses, idéalise sans cesse les souvenirs. Il se forme aussi de nouvelles combinaisons grâce à l'adjonction, à une image déjà formée, de quelques idées étrangères. Enfin, le plus souvent les deux causes agissent à la fois.

C'est une question difficile de savoir si l'esprit peut créer de toutes pièces des idées originales, ou si toute son activité se borne à ranger dans un ordre différent celles que la mémoire lui suggère. Il n'est pas impossible qu'en certains cas il crée la matière aussi bien que la forme de ses conceptions; cependant cela n'arrive guère, et presque toujours l'image la plus neuve en apparence se résout sans peine en éléments abstraits d'autres images ou d'autres perceptions.

Les conceptions nouvelles se forment sans que la volonté ou la réflexion interviennent; elles naissent de l'énergie spontanée de l'esprit qui tend, comme toute autre force, à se développer et à agir. Lorsque l'une de ces conceptions parait utile, belle ou bonne, on s'y arrête avec complaisance, on s'applique à la compléter, à l'améliorer, et, enfin, à la réaliser. L'imagination devient ainsi le principe des inventions et des arts, l'auxiliaire puissant de la science et de la morale.

Elle inspire au savant ces grandes hypothèses qu'il met toute son adresse, tout son génie, tout son orgueil à transformer en lois; elle lui offre à propos les vérités déjà connues, dont le rapprochement doit être fécond en conséquences nouvelles. Elle ouvre à l'artiste et au poëte les trésors du monde idéal, d'où il rapporte ces parfaits modèles qui lui servent à achever les beautés imparfaites du nôtre. Enfin, elle aide à créer dans les âmes le type accompli de la bonté et de la justice, et, les enchantant de cette noble vision, elle les rend toutes capables, les plus humbles aussi bien que les plus sublimes, de cette œuvre d'art, la plus difficile de toutes, parce que l'homme en est à la fois la matière et l'artiste, je veux dire, la vertu.

L'imagination est donc la condition nécessaire de toute activité réfléchie, partant, de toute liberté et de tout progrès. Elle seule nous élève au-dessus de l'instinct et de cette autre activité machinale qui naît de l'habitude. Que servirait à l'homme de pouvoir se déterminer librement, s'il n'imaginait divers partis entre lesquels il pût faire un choix, et ne prévoyait les conséquences de sa conduite. Toute action volontaire suppose une conception plus ou moins claire du but à atteindre et des voies qui peuvent y conduire. Sans cette vue idéale d'un bien encore éloigné, sans cette perspective ouverte sur l'avenir, toute la vie s'userait à satisfaire aux désirs présents par les moyens que suggéreraient l'instinct ou la routine. L'amour du bien et du beau, la raison même, seraient de vains présents de Dieu, d'admirables outils qui resteraient sans usage faute d'une force capable de les mouvoir. Muni, ou plutôt embarrassé de ces dons inutiles, l'homme ressemblerait à un navire parfaitement équipé et armé, pourvu d'un gouvernail et d'une boussole, mais dont le vent ne viendrait jamais gonfler les voiles.

TABLE DES MATIÈRES

Pages

INTRODUCTION 5

CHAPITRE PREMIER.

I. Les modifications de l'univers sont en général indépendantes de celles de l'âme. — II. Au contraire, les
modifications de l'âme dépendent souvent de celles de
l'univers. — Définition de la perception. — III. La
perception n'est pas une ressemblance de l'état mental
et du phénomène extérieur. — IV. Rôle du corps dans
la perception 19

CHAPITRE II.

I. Distinction de la perception et de la sensation. —
II. Définition de l'idée. — III. Définition de l'image.
— IV. Différences de l'image et de la perception. . . 35

CHAPITRE III.

Pages.

I. Résultats généraux des recherches physiologiques. —
II. Les organes des sensations sont distincts de l'organe
des perceptions et des images. — III. Les perceptions
et les images ont, au contraire, le même organe. —
IV. — Les diverses perceptions ou images ne sont pas
localisées dans les différentes parties du cerveau . . .　51

CHAPITRE IV.

I. Nouvelles preuves de la ressemblance des perceptions
et des images. — II. Mouvements provoqués indifféremment par celles-ci ou par celles-là. — III. Effets
physiologiques. — IV. Interprétation de ces phénomènes . . . .　71

CHAPITRE V.

I. Des hallucinations. Ce sont de véritables perceptions.
— II. Les sensations qui en font partie sont provoquées par les idées. . . . .　89

CHAPITRE VI.

I. Conflit des sensations et des images. — II. Direction
des images par les sensations . . . .　118

. CHAPITRE VII.

Pages.

I. Direction des sensations par les images. Illusions. —
II. Direction des images les unes par les autres. —
III. Effet du conflit d'images incompatibles. — IV. Ré-
sultats de la domination absolue d'une image 141

CHAPITRE VIII.

I. Association des idées. Les conditions organiques du phénomène nous sont inconnues. — II. Points de vue divers
auxquels on peut se placer pour étudier l'association
des idées. — III. Conditions subjectives. — IV. Conditions objectives. — V. Association entre images successives. Loi de ces associations 161

CHAPITRE IX.

I. Conservation et renaissance des images. — II. Persistance de l'association. — III. Conditions du rappel. —
IV. Reconnaissance des images. Ses conditions. . . . 205

CHAPITRE X.

I. Formation d'images nouvelles par l'oubli. — II. Par l'intermédiaire d'idées communes ou par les deux moyens
précédents à la fois. — III. Rêverie. — IV. Construc-

Pages.

tions en vue de l'utile. — V. En vue du vrai. — VI. En
vue du bien 243

CHAPITRE XI.

I. Sentiment du beau. Il se distingue de la sensation
agréable. — II. Toutes les sensations donnent-elles le
sentiment de la beauté ? — III. La beauté des choses
depend de leur valeur expressive. — IV. De l'art et de
l'idéal 274

CHAPITRE XII.

Résumé. — Conclusions 305

Nancy. — Imp. Berger-Levrault et Cie.